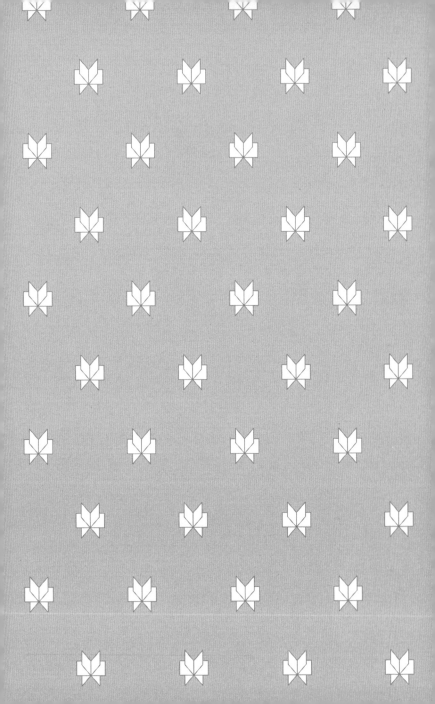

로맨스 영화를 읽다

로맨스 영화를 읽다

김호빈

사랑의 가능성에 대한 의혹 혹은 믿음

메멘토문고 나의독법

〔차례〕

3부 낭만적 사랑의 정치적 확장

사랑의 가능성에 대한 의혹

2017년에 작고한 작가 존 버거는 코로나 시대를 예견했 는지, 고립돼 혼자라고 느낄 사람들에게 작은 위안이 될 전언을 남긴다. 알고 보면 우리 모두가 먼 친척일지 모른 다는. 그는 우리 몸에 "이야기의 혈류"가 흐르고 있으며 그것이 우리 삶에 본질적인 영향을 미친다고 말한다. "우 리를 만들어 낸 그 이야기들이, 생물학적 조상과는 다른, 우리의 공통 조상이 된다."[1]

그런 조상이라면 셰익스피어를 빼놓을 수 없을 것이 다. 에리크 로메르의 〈겨울 이야기〉(1992)와 리처드 링클 레이터의 〈비포 미드나잇〉(2013)은, 질투심 때문에 왕비 를 죽음으로 몬 어느 왕이 회한 속에 세월을 보내다 지극 한 믿음으로 왕비를 부활시키고 다시 사랑을 이룬다는 셰익스피어의 말기작인 『겨울 이야기』(1610)를 떠올리게 한다. 〈겨울 이야기〉에서 연극 '겨울 이야기'를 본 펠리시는 왕과 왕비의 재회에 눈물 흘리며 샤를에 대한 자신의 사랑을 확신한다. 〈비포 미드나잇〉에서 아킬레아스는 안나가 출연한 '겨울 이야기' 공연을 보는데, 그날의 만남이 둘을 연인으로 만든다. 그들은 명백히 '겨울 이야기'의 후손이다. 셰익스피어의 마법은 죽은 이의 부활이 아니라 그가 주는 삶과 사랑에 대한 희망이다.

로맨스 영화는 마법이 사라진 현대에도 이런 마법적인 이야기를 들려준다. 하지만 인간의 혈류를 타고 바이러스가 흐르는, 냉소와 절망이 팽배한 오늘날 이런 마법은 잘 통하지 않는다. 그래도 우리 몸속 어딘가에는 분명 어떤 희망적인 이야기의 혈류가 흐르고 있을 터, 지금은 잊혔을지라도 우리 삶의 순간순간에 놓인 수많은 로맨스 영화를 떠올려 보자. 그 혈류를 단서로 먼 친척들을 찾아나설 수 있을 것이다.

***

로맨스 영화란 뭘까? 영화 장르에 대한 학술적 담론에서 로맨틱 코미디와 멜로드라마에 대한 체계적 논의는 존재하지만 로맨스는 그렇지 못하다. 일상생활이나 대중매체에서도 로맨스는 멜로드라마와 구분 없이 거론되는 경우가 흔하다. 하지만 둘은 엄연히 다르다. 영화학자 벤 싱어에 따르면, 근대에 탄생한 멜로드라마는 혼란스러운 현실에서 도피하기 위한 일종의 "유토피아적 신화"였다. 그는 멜로드라마의 근본적인 요소로 강렬한 파토스(정념, 열정)와 과도한 감정을 꼽는다.[2] 멜로드라마는 플라톤이 말한 에로스적인 것(플라톤의 에로스는 강렬한 열정과 욕망을 경유해 절대적인 선과 미의 차원으로 승화된다.), 눈먼 열정으로 연인과 하나 되어 괴롭고 범상한 현실을 초월하려는 풍경을 그린다. 켈트 신화인 '트리스탄과 이졸데', 셰익스피어의 희곡『로미오와 줄리엣』, 괴테의 소설『젊은 베르테르의 슬픔』등에서 우리는 그런 사랑을 찾아볼 수 있다. 〈애수〉(1940), 〈밀회〉(1945), 〈사랑할 때와 죽을 때〉(1958), 〈러브스토리〉(1970), 〈매디슨 카운티의 다리〉(1995), 〈잉글리쉬 페이션트〉(1996), 〈타이타닉〉(1997), 〈화양연화〉(2000), 〈브로크백 마운틴〉(2005), 〈콜 미 바이 유어 네임〉(2017) 같은 영화도 그런 사랑을 이야기한다. 멜로드라마에서 속인들이 이해 못 할 연인들의 열정적 사랑은 대체로 계층 질서나 성도덕 같은 사회규범에 따라 좌절된다. 그들의 사랑은 삶 너머에 있는 것으로 보인다.

로맨스는 멜로드라마와 달리 삶의 바깥이 아니라 그 안에 사랑의 자리를 마련한다. 그래서 연인들이 오래도록 잘 살았을 거라고 얘기한다. 스티븐 스필버그 감독의 영화 〈영혼은 그대 곁에〉(1989)에서 앨(존 굿맨)이 이렇게 말한다. "사랑에는 두 종류가 있지. 하나는 불꽃같은 사랑으로 쉽게 불붙고 다 타 버려 아무것도 안 남지. 그리고 오래 타는 사랑이 있어. 다 타 버렸다고 생각하지만 따뜻함은 계속 남아 있지." 멜로드라마가 뜨거운 불꽃이라면 로맨스는 온기를 머금은 재라고 할 수 있다. 그러니까 로맨스 영화에서 연인들은 끓는점을 넘기는 열정으로 증발하는 대신 적당한 열정의 온도를 유지하며 땅에 발을 디디고 산다.

멜로드라마라면 현실이 부조리할수록 그에 이반하는 연인들의 사랑은 숭고해진다. 하지만 로맨스는 이 세계가 연인들이 살 만한 곳인지, 그들의 사랑이 세상을 살아가는 데 어떤 의미가 있는지 묻는다. 이때 사랑은 현실의 도덕적 규범이나 정치적 가치와 긴밀히 연계된다. 이는 아리스토텔레스가 생각한 '사랑', 즉 '필리아'에 닿아 있다. 에로스가 현실 너머의 영원한 것에 도달하려 한다면 필리아는 현실의 행복을 지향한다. 아리스토텔레스는 개인이 행복(그리스어 에우다이모니아)하려면 윤리적이고 정치적인 좋음(선)이 충족돼야 한다고 생각했다. 에로스가 선에 대한 일방적인 의지에 가깝다면 필리아는 상대와 '함께' 선(좋음)을 추구한다.[3] 필리아적 사랑은 치명적인 매력의 나쁜 남자 대신 유기견을 키우는 다정한 남자를 택할 터, 이런 사랑은 세상을 '잘' 살아가게 만든다. 멜로드라마와 달리 로맨스는 둘이서 지속적으로 잘 살게 하는 사랑의 풍경을 제시한다.

로맨스 영화의 연원을 찾아볼 수 있는 영국 작가 제인 오스틴(1775~1817)의 소설 속 남자 주인공들은 망나니 같은 부잣집 도련님이 아니다. 『오만과 편견』의 다아시, 『이성과 감성』의 브랜든, 『엠마』의 나이틀리는 모두 도덕적인 성숙함과 의젓함으로 여자 주인공이 좋은 삶을 살 수 있도록 견인하고 동행한다. 그것은 열정에 끌려다니며 일상에 환멸을 느끼는 자세가 아니다. 여주인공을 휩쓸어 가는 사랑의 해일이 아니라 우유 거품처럼 부드럽게 스며 '계몽 라테'를 만든다고 할까? 오스틴의 소설은 감동적인 해피엔딩(결혼)을 통해 사랑과 도덕이 화해하는, 좋은 삶의 그림을 제시한다.[4]

그런데 '잘 산다'는 게 단순하지 않다. 보통 로맨스

는 삶을, 멜로드라마는 죽음을 이야기한다. 어떤 것이 '잘 산다'에 부합하는지 속단할 순 없고, 로맨스가 소비와 향락으로 점철된 중산층의 안락한 삶으로 변질될 때는 잘 사는 것과 명백히 거리가 있다. 죽음을 연습하는 것이 철학이라는 플라톤의 말처럼 멜로드라마는 그런 무감한 삶에 철학적인 질문을 던진다. "나는 살아 있나?", "이렇게 사는 게 진정 삶인가?" 그래서 휴 그랜트가 주연한 영화 〈네 번의 결혼식과 한 번의 장례식〉(1994)처럼, 로맨스 영화는 '달뜬 결혼식'(삶)과 '음울한 장례식'(죽음) 사이에서 진정한 사랑(좋은 삶)을 찾아 헤맨다. 로맨스 영화와 멜로드라마의 교집합이 상당한 것이 이 때문이다.

***

(로맨스에 속하는 장르인) 로맨틱 코미디는 '스크루볼 코미디'라는 장르에서 태동했다. 스크루볼 코미디는 성별과 계급, 이해관계와 가치관이 다른 두 남녀가 박 터지게 싸우다 사랑에 빠지는 과정을 그린다. 로맨스는 갈등을 먹고 자란다. 갈등의 강도가 커질수록 사랑의 결실은

달콤해진다. 에른스트 루비치의 〈트러블 인 파라다이스〉(1932), 프랭크 캐프라의 〈어느 날 밤에 생긴 일〉(1934), 하워드 호크스의 〈뉴욕행 열차 20세기〉(1934) 등 로맨틱 코미디의 시초로 꼽히는 할리우드의 스크루볼 코미디가 모두 사회적 갈등이 최고조에 달한 1930년대 미국의 대공황기에 등장한 건 우연이 아니다. 스크루볼 코미디는 연인의 결합을 넘어 사회적이고 정치적인 비전으로 확장되었다. 영화학자 토머스 샤츠에 따르면, "스크루볼 장르는 성적 이데올로기적 갈등이 마술처럼 해소되는 유토피아적 공동체상을 창조했다".[5]

사랑으로 모든 걸 통합할 수 있다는 스크루볼 코미디의 메시지는 혼란한 시대를 사는 사람들에게 희망을 주었다. 이는 대공황기에 계층별로 분열된 국민들을 통합하려 한 루스벨트 대통령의 '뉴딜'과 결부된다. 사회경제적 개혁인 '뉴딜'보다 더욱 포괄적인 '미국적 가치'를 제시하며 갖가지 갈등을 치유한 게 로맨스 영화일지도 모르겠다. 영화감독 존 카사베츠가 로맨스 영화의 규범을 확립한 캐프라(1897~1991) 감독을 두고 "진짜 미국은 존재하지 않았고 프랭크 캐프라만이 있었는지도 모른다."고 말한 게 이 때문이다.

캐프라의 영화는 연인들이 살 만한 세상의 청사진을 제시했으며 사랑이 그런 세상을 만드는 데 본질적인 구실을 한다고 말했다. 그에게 사랑이란 에로스적 열정이 아니라 상대와 더불어 좋은(선한) 삶을 살고자 하는 필리아적 선의지에 가까웠다. 그의 영화에서 무아지경 섹스를 하거나 애증으로 서로를 파멸시키는 연인들은 존재하지 않는다. 〈어느 날 밤에 생긴 일〉에서 가난뱅이 기자 피터는 돈이나 성적 욕망에 초연한 태도로 대부호의 딸인 철부지 아가씨 엘리의 마음을 얻는다. 〈스미스 씨 워싱턴에 가다〉(1939)에서 스미스는 융통성 없고 어리바리한 풋내기 정치인이지만 정의와 민주주의에 대한 순수한 신념으로 의회의 부패 정치와 한 여인의 마음에 경종(?)을 울린다. 〈잃어버린 지평선〉(1937)에서 외교관 로버트는 물질적 탐욕도 사회적 반목도 존재하지 않는 지상 낙원 '샹그릴라'에서 운명의 짝인 손드라를 만난다. 미국인들이 가장 사랑하는 영화로 많이 꼽는 〈멋진 인생〉(1946)에서 조지는 가난한 마을 사람들에게 집을 마련해 주기 위해 주택 협동조합을 운영하는데, 탐욕스러운 투기꾼 포터에 맞서 조지가 추구하는 공동체적 가치는 아내 메리에 대한 그의 순정한 사랑과 연결돼 있다. 월가를 주름잡는 은 행가 집안의 토니와 온 가족이 백수 생활을 즐기는 괴짜 집안의 일원인 앨리스의 사랑을 그린 〈우리들의 낙원〉(1938)에서 주인공들의 사랑은 거대 자본가의 탐욕마저 화합의 축제에 사르르 녹여 낸다.

캐프라의 영화는 특정 정치 이념을 지향하지 않는다. 그는 〈우리들의 낙원〉에서 극중 인물의 입을 빌려 이렇게 말한다. "코뮤니즘, 파시즘, 부두이즘, 요즘은 다들 '이즘'을 가졌는데 이게 옴만큼 전염성이 강해. 이즘이 필요하다면 '아메리카니즘'을 가져…. 링컨은 '모든 원한을 거두고 자비를 베풀라'고 했는데, 요즘은 '내 식대로 안 하면 끝장'이라니까." 캐프라가 제시하는 '아메리카니즘'은 자본주의와 공산주의(코뮤니즘) 등 모든 정치적 이념을 비판한다. 그것들은 고정된 삶의 형식을 개인에게 강요한다. 캐프라는 오직 사적인 사랑과 소박한 선의로 이상적인 사회를 만들 수 있다고 생각했다. 연인들의 사랑도 그런 사회에서만 온전할 수 있다.(이는 사적인 사랑이 이상적인 사회를 만든다는 명제의 '대우'로 추론된다. 명제가 참이면 그 명제의 대우도 참이기 때문이다.) 캐프라의 고전 로맨스에서 살 만한 세상을 만드는 일과 연인들의 사랑은 따로 떼어 생각할 수 있는 게 아니었다. 이런 규범이 로맨스 영화에서 오랫동안 지속되었다. 가령 해럴드 래미스 감독의 〈사랑의 블랙홀〉(1993)에서 기상 캐스터 필이 취재 차 방문한 마을에 갇혀 매일 똑같은 2월 2일을 살다가 프로듀서 리타와 사랑에 빠지며 '그날'에서 마침내 탈출한다. 이 사랑이 이뤄지는 과정은 필이 온갖 선행을 통해 마을을 살 만한 곳으로 만드는 일과 불가분적으로 얽혀 있다.

로맨스는 오늘날 가장 강력한 이데올로기일 것이다. 사회학자 에바 일루즈의 말대로 "이데올로기란 우리로 하여금 모순들 속에서 행복하게 살아가게 해주는 어떤 것"[6]이라면, 전통적인 종교나 정치적 이념이 아니라 로맨스가 그런 구실을 해 왔기 때문이다. 많은 사람이 로맨스 영화를 통해 사랑의 희망을 품었다. 톰 크루즈가 주연한 영화 〈칵테일〉(1988)에서 여피족(도시에 살며 신자유주의를 지향하는 전문직 젊은이들) 시인은 "혁명? 그것도 돈이 있어야 하지. 예술? 돈이 최고야. 그게 최후의 진실이야."라고 선언한다. 혁명과 예술을 냉소하며 신자유주의 시대를 예찬하는 시인도 사랑에 대한 독설은 삼갔다.

***

그런데 이 세상의 로맨스가 희미해진 탓일까? 로맨스 영화도 존재감을 잃었다. 사랑이 모든 것을 화해시킨다는 캐프라의 이상은 시대착오적이다. 그래도 로맨스 영화가 존재감을 되찾으려면 그에게 배울 점이 있다. 로맨스 영화의 낭만과 판타지는 우리가 살아가는 세상의 청사진과 결부돼야 한다. 〈그레이의 50가지 그림자〉(2015)나 〈크레이지 리치 아시안〉(2018)처럼 사랑의 스펙터클이 더욱 거대하고 화려해져도 그 청사진이 부재한다면 로맨스 영화가 우리에게 이야기의 혈류로 각인될 수 없다.[7]

　　로맨스 영화는 여러모로 불신의 대상이 되었다. 영화 속 연인들이 잘 살고 있을지, 그들이 행복할 만큼 이 세상이 괜찮은지, 우리도 그들처럼 잘 살 수 있을지 커다란 물음표가 붙는다. 이것은 모순을 해결하고 분열된 것을 통합하는 사랑의 가능성에 대한 의혹이기도 하다. 앞으로 이어질 열다섯 꼭지의 글은 로맨스 영화를 읽으며 이 질문들에 부족하나마 내 나름대로 답해 가는 과정이 될 것이다. 이 여정이 여러분의 길 위에서 긴요한 질문들로 이어지기를 희망한다.

1부

오늘날 사랑의 풍경

오늘날 다양한 사회적, 정치적 쟁점과 로맨스 영화가 어떻게 마주하고 있는지를 살펴보려 한다. 여성주의와 로맨스(영화)가 조화롭게 공존할 수 있을까? 성소수자의 사랑을 그리는 로맨스 영화들이 최근 각광받는 이유는 무엇일까? 그리고 사랑을 꿈꾸기 어려운 오늘날 청춘의 몸은 어떻게 존재하는지, 신자유주의적 경쟁 사회에서 사랑은 어떻게 변해 갈지 생각해 보자.

1 여성주의적 로맨스는 가능한가
: 〈노래하는 여자, 노래하지 않는 여자〉

여성주의적인 로맨스 영화가 존재할 수 있을까? 많은 여성주의자에게 이는 네모난 동그라미같이 느껴질 것이다. 급진적 여성주의자인 슐라미스 파이어스톤은 『성의 변증법』에서 남성이 독점하는 권력의 원천이 바로 여성들이 주는 사랑이라고 말한다.[1] 실제로 많은 로맨스 영화에서 낭만적 사랑과 여성주의는 공존하기 어려워 보인다.

가령 1930~1940년대 초 할리우드의 스크루볼 코미디는 대단히 능동적인 여성상을 제시했다. 팽팽한 갈등 구조를 만들어야 했기에 사회적 능력 면에서 남성을 상회하는 여성들이 등장했다. 하워드 호크스 감독의 〈뉴욕행 열차 20세기〉(1934)에서 스타 배우인 릴리가 애인에게 이렇게 말한다. "네 존경 따위 필요 없어! 난 이미 존경받고 있거든." 같은 감독의 〈히스 걸 프라이데이〉(1940)에서는 기자 힐디가 결혼 계획을 알리며 "기계가 아니라 여자로 살래요. 애한테 우유 먹이고 이가 자라는 걸 지켜보면서."라고 말한다. 하지만 기자로서 압도적인 역량과 열정이 있는 그녀는 특종 때문에 결혼하러 떠나지 못한다. 여성 캐릭터의 사회적 능력과 열정이 낭만적 사랑과 불화하는 것이다.

그런데 로맨스 영화는 만인의 리더가 되는 여성보다는 한 남자의 아내가 되는 여성들의 이야기가 많았다. 〈귀여운 여인〉(1990)에서 냉혹한 기업 사냥꾼으로서 부도덕한 방식으로 부를 축적하던 에드워드(리처드 기어)는 거리의 여자 비비언(줄리아 로버츠)과 사랑하면서 어려운 기업을 돕는 따뜻한 사업가로 거듭난다. 하지만 연인의 사랑이 도덕적인 선을 낳는다는 캐프라식 로맨스에서 여성은 자기만의 (일과 자아실현의) 서사를 갖지 못하고 남자 주인공의 도덕적 각성을 위한 신데렐라로 존재할 때가 많다.

신데렐라 서사 말고도 불편한 지점이 많다. 〈러브 액츄얼리〉(2003)의 스케치북 프러포즈를 생각해 보자. 남의 집 앞에 불쑥 나타나 일방적으로 하는 사랑 고백은 다분히 폭력적이다. 〈어바웃 타임〉(2013)의 팀은 시간을 되돌리는 초능력으로 여성의 감정을 자신의 의도대로 끌고 간다. 따지고 보면 연인 간 가스라이팅과 같은 시도가 아니인가? 뚱뚱한 외모 때문에 무시당하지만 일과 사랑을 향한 적극성으로 많은 여성들의 지지를 받은 '브리짓 존스' 시리즈도 다르지 않다. 완결편인 〈브리짓 존스의 베이비〉(2016)가 브리짓의 결혼과 출산으로 마무리되는데, 15년을 기다리게 한 결말치고는 너무 나이브하다. 결혼과 출산 너머의 대안적 선택을 적극적으로 찾는 현시대에 말이다.

치즈와 생크림으로 뒤범벅된 음식은 먹기 전에 죄책감이 들지만 먹는 순간 0칼로리가 된다. 로맨스 영화도 여성들에게 일종의 길티 플레저로서 정치적으로 부적절한 내용을 마술적으로 믿게 만든다. 노라 에프런의 로맨스 영화는 자신의 일에 대해 번민하는 여성들의 서사를 담아냈고 젠더 갈등을 통해 여성적인 감정과 취향을 폄하하는 가부장적 사회를 풍자했는데, 그 갈등의 골은 로맨스 영화 자체를 위협할 정도로 깊다. 가령 〈시애틀의 잠 못 이루는 밤〉(1993)에서는 애니(메그 라이언)가 샘(톰 행크스)에게 밸런타인데이에 엠파이어스테이트빌딩에서 만나자는 편지를 보내고 샘의 여동생이 〈잊지 못할 사랑〉(1939년 작품인 '러브 어페어'는 두 번 리메이크 되었는데 1957년 작품인 '잊지 못할 사랑'도 그 중 하나다.)과 똑같은 상황이라며 눈물짓지만, 샘은 그런 (감상적인) 영화나 보며 징징대는 여자는 질색이라고 말한다. 이런 지점이 관객에게 비판적인 성찰의 기회를 주었지만 한계도 명백했다. 화사한 파스텔 톤의 장르적 이미지가 관객들의 사유와 판단을 경유하지 않고 그들에게 낭만적인 정서를 주입하기 때문이다. 이런 이미지들은 비판적으로 생각할 구석이 있는 영화 속 갈등과 간극을 마술적으로 봉합한다. 에프런의 영화 속 주인공들, '해리와 샐리'(〈해리가 샐리를 만났을 때〉), '캐슬린과 조'(〈유브 갓 메일〉)의 황홀한 키스 신은 날이 좋았든 좋지 않았든 영화 속 모든 날이 좋았다고 말한다.

여성주의적인 로맨스 영화가 없지는 않다. 우디 앨런 감독의 영화 〈카이로의 붉은 장미〉(1985)에서 남편의 폭력과 집안일로 심신이 피폐한 시칠리아(미아 패로)는 극장에 가는 것이 유일한 낙이다. 그녀가 그곳에서 매료된 〈카이로의 붉은 장미〉라는 로맨스 영화의 주인공 톰은 그녀의 남편과 달리 여성을 배려하고 존중한다. 게다가 무척 다정하고 키스까지 잘해 여성의 낭만적인 욕망을 채워 준다. 어느 날 영화 속 톰이 스크린 밖으로 걸어나와, 시칠리아와 사랑의 도피에 나선다. 그런데 영화 밖 현실에서 톰은 무능하고 우스꽝스러운 인물로 전락한다. 급기야 시칠리아의 남편에게 얻어맞기까지 한다. 결국 시칠리아는 톰을 연인으로 선택하지 않고, 그는 영화 속으로 돌아간다. 여성주의적 로맨스는 스크린 속 환상으로 존재할 뿐 현실에서는 맥을 못 춘다.

**

여성주의적 로맨스가 단지 환상에 그치지 않고 현실에 발 디딜 길이 있을까? 프랑스의 여성 감독 아녜스 바르다의 〈노래하는 여자, 노래하지 않는 여자〉(1977)가 이 질문에 대한 하나의 답일 수 있다. 이 작품은 우선 기존 영화들이 재현한 여성의 이미지에 커다란 의문을 제기한다. 〈노래하는 여자, 노래하지 않는 여자〉에서 길거리 가수인 폴린(발레리 메레스)이 부르는 노랫말처럼 "여신도 마녀도 아니고… 성녀도 악녀도 아닌" 여성을 재현한 적이 있는가?

　〈노래하는 여자, 노래하지 않는 여자〉의 도입부는 1962년 프랑스, 열일곱 살 소녀 폴린의 눈을 통해 젊은 여성부터 노년의 여성, 임신한 여성, 아이들의 손을 잡고 있는 여성에 이르는 다양한 여성의 모습이 담긴 사진들을 보여 준다. 그중 상당수는 나체 사진인데 그 안에 담긴 사람들의 몸은 여성 잡지에서 볼 수 있는 몸이 아니다. 그들의 생활과 분리되지 않은 꾸밈없는 몸, 구태여 아름다울 필요가 없다는 듯 그냥 거기 존재하는 몸이다. 그런데 여성들의 표정은 하나같이 슬퍼 보인다. 이 사진들이 왠지 불편한 폴린이, 사진을 찍은 작가 제롬에게 말한다. "버림받은 여자들 같아요. 과부나 미혼모같이."

매튜와 마리, 두 아이의 엄마이자 제롬의 아내인 스물두 살의 수잔(테레즈 리오타르)은 임신하지만 생활고 탓에 낙태를 결심한다. 수잔은 가난한 농촌 가정에서 태어나 제대로 된 교육을 받지 못한 데다 아이들을 돌보느라 일자리는 구할 엄두도 내지 못한다. 당시 프랑스에서 낙태는 불법이라 음지에서 위험한 수술을 받거나 스위스 같은 나라에 가서 낙태 심사를 받아야 했다. 폴린은 친구 수잔을 위해 부모에게 거짓말을 하고 낙태 비용을 마련해 준다. 수잔은 무사히 아이를 지우지만 큰 불행이 닥친다. 자신의 무능을 비판한 제롬이 스스로 목을 매 죽은 것이다. 슬픔에 잠긴 수잔은 할 수 없이 부모가 있는 시골로 내려가고, 폴린은 거짓말이 들통나 집에서 쫓겨난다. 이들은 한동안 만나지 못한다.

세월이 흘러 폴린 또한 낙태하려고 네덜란드 암스테르담으로 향한다. 그곳에서 낙태를 결심하고 초조한 얼굴로 앉아 있는 여성들을 바라보던 폴린은 그들처럼 홀로 외로웠을 수잔을 떠올린다. 그리고 제롬의 사진 속 여성들의 표정이 왜 슬퍼 보였는지 깨닫는다. 앞서 제시된 사진들은 '여성'에 대한 추상적 이미지가 아니다. 그들은 배움과 경제적 자립의 기회, 자기 몸에 대한 권리로부터 소외된 당대의 여성들이다. 여성들을 환상적으로 재현하는 위험을 피하기 위해 바르다는 이들이 처한 역사적·정치적인 현실을 꼼꼼히 경유한다. 실제로 〈노래하는 여자, 노래하지 않는 여자〉는 프랑스 여성운동의 흐름과 궤를 같이한다.

1972년 프랑스에서는 성폭행으로 임신했다 낙태 수술을 한 마리 클레르라는 열여섯 살 소녀가 낙태죄로 기소되어 법정에 섰다. 프랑스의 대표적 여성주의자이자 『제2의 성』 저자인 시몬 드 보부아르를 비롯해 수많은 여성운동가들이 이 사건을 계기로 낙태죄를 폐지하라는 목소리를 높였다. 그리고 소녀의 낙태죄 재판이 열린 도시,

보비니는 여성의 몸에 관해 상징적이고 역사적인 장소가 된다. 인파로 붐비는 이곳에서 폴린과 수잔이 10년 만에 재회한다. '1972년의 보비니'는 여성 참정권 투쟁을 비롯해 오래전부터 이어진 여성운동과 1968년 혁명이 만들어 낸 시민의 광장이 교차하는 지점에서 탄생했다. 폴린은 68혁명 현장에서 만난 동료들과 '난초'라는 밴드를 꾸렸다. 이들은 여성의 권리에 관한 노래를 만들고 부른다. 보비니 법원 앞에서 낙태죄 폐지를 외치는 공연을 벌인다. "생명은 섭리가 아냐. 교황 법은 퇴보했어. 내 몸은 나의 것. 낳고 안 낳고는 내가 결정할 거야~." 싱글맘이 되고 시골에 내려가 부모의 눈총을 받던 수잔이 68혁명의 영향으로 (피임, 출산에 관한 상담과 지원을 통해 여성들을 돕기 위해) 설립된 '가족계획센터'에서 일하게 되고 경제적, 정서적 자립을 시작한다. 이런 면만 보면 〈노래하는 여자, 노래하지 않는 여자〉는 여성의 현실과 그에 대한 투쟁을 담은 작품 같다.

한 극장에서 '난초' 밴드가 여성의 권리를 부르짖는, 전투적인 노래를 부른다. 공연이 끝나고 폴린이 지친 표정으로 텅 빈 객석에 앉아 있는데, 난데없이 남녀가 서로를 애타게 바라보는 고전 로맨스 영화의 포스터가 화면을 채운다. 그리고 폴린이 애인 다리우스의 품에 안겨 누워 있는 모습이 이어진다. 폴린에게는 정치적으로 각성하고 홀로 서는 것뿐만 아니라 연인에게 의존하는 사랑과 낭만도 필요하다. 두 아이의 어머니로 씩씩하게 살아가는 수잔도 마음 한편에서는 사랑에 대한 깊은 갈망을 느낀다. 낭만적 사랑의 욕구는 폴린의 삶에 모순과 부조리를 초래한다. 폴린은 낙태를 하러 간 암스테르담에서 다리우스를 만나 사랑에 빠진다. 다리우스를 너무 사랑해 프랑스에서의 삶을 정리하고 그의 모국인 이란으로 가서 전통 혼례를 치르고 신혼살림을 차린다. 여성주의자인 폴린이 히잡을 쓰고 목욕탕과 시장만 오가는 부자유스러운 상황에 처한다. 미국의 2세대 페미니스트를 대표하는 필리스 체슬러가 아프가니스탄 남자와 결혼해 카불까지 따라간 것과 닮았다. 일부다처제와 여자아이의 조혼, 명예살인이 존재하는 카불 말이다. 필리스 체슬러는 사랑을 갈구한 자신을 "정치적으로 올바르지 않은 페미니스트"라고 표현한다.[2]

하지만 낭만적 욕구는 현실에 모순을 일으키는 한편 현실을 견딜 만한 것으로 만든다. 폴린이 낙태 수술을 위해 네덜란드에 갔을 때 그곳에 모인 여성들과 배를 타고 암스테르담 운하의 다리 밑을 지나면서 "10대부터 중년의 여자들이 한 배를 탔네. 암스테르담 물 위의 튤립과 자전거를 나는 기억하리~." 하고 노래한다. 아픈 기억도 언젠가는 아름다운 추억이 될 수 있다는 듯 뮤지컬처럼 표현된 이 장면에서 폴린이 부르는 낭만적인 노래가 낙태를 치러 내는 여성들의 건조한 풍경에 생기를 준다. 뮤지컬 영화에서 노래는 세계를 환상적으로 변모시키고 일상을 정지시킨다. 하지만 이 영화에서는 보이는 현실과 낭만적 상상이 공존한다. 폴린의 노래는 고단한 여성들의 얼굴 위로, 촌부들의 노동 아래로, 토론하는 청중 사이로 울려 퍼진다. 노래가 신산한 삶의 한복판에서 들려오고, 낭만은 환상이 되지 않기 위해 현실을 단단히 부여잡는다.

낭만을 통해 현실을 견디는 데는 한계가 있다. 프랑스에서 제법 여성주의자처럼 보이던 다리우스가 이란에서는 가부장적 남편이 된다. 그가 노래를 만들고 있는 폴린에게, 요리나 시키려고 결혼하진 않았지만 할 건 하라며 저녁을 차리라고 말한다. 임신 중인 폴린은 "덫에 걸린 기분"에서 벗어나고 싶지만 다리우스에 대한 사랑과 아기에 대한 열망 때문에 선뜻 프랑스로 돌아가지 못한다. 그녀는 낙태권을 주장하지만 임신의 신비도 노래한다. "아름다운 풍요의 꿈, 영혼이 숨 쉬는 깊고 평화로운 둥지~." 그녀의 바람대로 아들 기욤이 태어나고, 다리우스는 기욤을 이란에서 키우겠다며 폴린의 선택을 종용한다.

***

개인으로 홀로 서는 것과 연인에게 의존하는 것, 두 가지 모두 삶을 위해 필요하다. 하지만 폴린은 결국 연인 다리우스, 기욤과 함께하는 대신 노래하는 삶을 택한다. 혹자는 모성이 결여된 가혹한 선택이라고 비난할 것이다. 하지만 정말 가혹한 것은 자립 없는 사랑과 사랑 없는 자립 중 하나를 택해야 하는 현실 아닐까? 우리는 수잔과 폴린의 삶을 톺아보며 사랑, 임신, 육아와 같은 개인의 연대기가 역사적, 정치적인 힘과 얼마나 밀접히 결부되는지 알 수 있다. 폴린은 여성의 가사노동에 대해 "초과 노동, 가엾은 엄마, 피로 누적에 박한 임금… 지금의 가정에서 남자는 부르주아 여자는 프롤레타리아"라고 노래한다. 이는 출산과 양육으로 경력 단절에 처하는 현재 여성들의 삶과 맞닿아 있다. 여성주의적 로맨스는 여성이 한 개인으로 존중받으며 사랑하고, 몸과 꿈을 살피면서 아이를 낳아 기를 수 있는 사회에서 비로소 존재할 수 있다. 자율적인 삶과 낭만적 사랑, 여성의 낙태권과 태아의 생명권 중 하나를 택하라고 말하기 전에 우리는 무엇이 이런 딜레마를 낳는지 물어야 할 것이다.

수잔에게는 피에르라는 새로운 사랑이 찾아온다. 다리우스와 헤어지기 전에 다시 임신한 폴린에게는 선물 같은 딸아이가 찾아온다. 폴린은 아이에게 수잔이라는 이름을 붙여 준다. 수잔의 삶이 절망적일 때 폴린이 옆에 있었고, 폴린이 방황할 때 수잔이 그녀를 지지했다. 두 여자의 우정을 통해 여럿이 관계를 맺는다. 수잔과 피에르, 폴린과 그녀의 동료들은 느슨하게 얽혔지만 서로의 삶에 애정으로 관여하는 사이가 된다. 수잔과 폴린의 밴드 동료들은 꼬마 수잔의 아빠 자리를 채워 주려고 노력한다. 역설적으로, 수잔과 폴린은 사람들에게 의존하면서 자기다움을 찾아 간다.

호수가 보이는 전원의 주택에 모여 평화롭게 "먹고 자고 산책하고 음악을 연주하는" 친구와 연인. 두 여성의 삶을 위한 지난한 투쟁이 만들어 낸 이 '작은 사회'에서는 낭만적 순간도 그저 환상적인 바람만은 아니라고 아 녜스 바르다가 말하는 듯하다. 신산한 현실과 나른한 꿈 사이에서 노래가 들린다.

2 퀴어 로맨스가 회복한 것

: 〈타오르는 여인의 초상〉

1977년, 하비 밀크(1930~1978)가 세 번의 실패를 딛고 네 번째 선거에서 샌프란시스코 시의원으로 뽑혀 미국 최초의 커밍아웃한 게이 정치인이 되었다. 구스 반 산트 감독의 영화 〈밀크〉(2008)는 그의 정치적 도전을 조명한다. 그가 청중 앞에 서면 늘 인사처럼 하던 말이 있다. "하비 밀크입니다. 여러분을 동지로 모십니다." 그가 남달리 대범해서 만인을 동지로 대했을까? 게이라는 이유만으로 살해당하던 그 시절, 밀크는 뒤에서 들리는 발걸음 소리에 겁에 질려 밤거리를 내달린다. 그를 비범한 사람으로만 아는 이들은 이런 모습이 의외일 것이다. 자신을 난도질하는 섬뜩한 그림이 있는 협박 편지를 받았을 때도 그는 무척 두려웠을 것이다. 하지만 그는 그걸 냉장고에 붙여 둔다. 숨겨 놓으면 점점 더 두려워지지만 보이게 두면 아무렇지 않다면서. 밀크는 살기 위해 모두를 동지로 만들어야 했다. 그가 줄기차게 공적 무대에 서려 한 이유는 명백하다. 만인에게 보이는 게이가 돼 게이를 만인 앞에 보이게 하는 것, 성소수자를 아무렇지 않은 존재로 만드는 것. 보인다는 것은 당연한 일이 아니다. 누군가는 목숨을 걸어야 했을 만큼. 보이는 한 존재는 그렇게 우리가 아는 것보다 작으면서 또 크다.

오랫동안 로맨스 영화에서 성소수자들은 보이지 않았다. 할리우드와 영국의 주류 로맨스 영화에서 그들이 보인 것은 비교적 최근이다. 설사 그들이 보였다고 해도 배제를 동반했다. 〈네 번의 결혼식과 한 번의 장례식〉에서 게이 커플은 세 번의 결혼식에 하객으로 서 있다가 한 번의 장례식에서 주인공이 된다. 극 중 게이인 개레스가 갑작스런 죽음을 맞기 때문이다. 영화는 어떤 것을 프레임 안으로 데려와 가시적 존재로 만든다. 일부러 프레임 밖으로 내몬 것, 차마 프레임 안으로 데려오지 못한 것, 미처 프레임 안으로 끌고 오지 못한 것은 우리 눈에 보이지 않는다.

〈로렌스 애니웨이〉(2012), 〈가장 따뜻한 색, 블루〉(2013), 〈캐롤〉(2015), 〈아가씨〉(2016), 〈문라이트〉(2016), 〈콜 미 바이 유어 네임〉(2017), 〈윤희에게〉(2019), 〈타오르

는 여인의 초상〉(2019) 등 2010년대 국내외에서 (긍정이든 부정이든) 주목받은 로맨스 영화들이 대부분 '퀴어 영화', 즉 성소수자를 다룬 영화다. 분명 이런 흐름에는 성소수자를 지지하는 일련의 정치적 맥락이 프레임 안팎에서 작용한 측면이 있다. 이 영화들을 통해 성소수자의 삶과 사랑이 보이게 됐다. 프레임이 단지 추상적 예술 세계에 구획되는 경계선이 아니라 현실 세계의 한복판을 가르는 전선인 셈이다. 하지만 퀴어 로맨스의 이례적인 호황을 정치적 관점으로만 설명할 순 없다.

소재 때문일까? 12세기의 '트리스탄과 이졸데' 신화, 16세기의 희곡 『로미오와 줄리엣』, 19세기의 소설 『안나 카레니나』 등 시대와 매체를 막론하고 국가와 가문의 이해관계, 일부일처의 사회규범 같은 현실의 금기를 거스르는 것은 사랑 이야기의 핵심 요소였다. 그런데 자유롭게 사랑할 수 있는 현대에는 그런 금기가 거의 없다. 다만 여전히 많은 사회에서 동성애를 금기시한다. 따라서 퀴어 로맨스는 온 세상에 맞서 관철하는 위대한 사랑이 여전히 존재한다고 말해 줄 수 있다. 18세기 프랑스를 배경으로 평민 화가 마리안(노에미 메를랑)과 귀족 엘로이즈(아델 에넬)의 사랑을 그린 〈타오르는 여인의 초상〉(셀린 시아마 감독)은 그런 측면에서 가장 극적인 소재를 취한다고 할 수 있다. 신분 질서가 공고했음은 물론이고 동성애가 절대적으로 금기시되던 시대에 그 모든 걸 뛰어넘는 사랑이라니. 하지만 퀴어 로맨스의 호황은 소재적 측면뿐만 아니라, 그간 로맨스 영화들이 상실한 무언가를 회복했다는 차원에서 봐야 한다. 〈타오르는 여인의 초상〉은 특히 이런 측면을 잘 드러낸다.

***

영화가 시작되면 흰색 바탕이 나타난다. 백지상태다. 잠시 후 흰 바탕에 손이 나타나 목탄으로 무언가를 그리는 제스처를 보인다. 그제야 우리는 흰 바탕이 그림을 그릴 때 쓰는 캔버스의 일부임을 알 수 있다. 다시 손이 나타나 캔버스에 선 하나를 그린다. 무언가를 그리는 것 같지만 그 선이 어떤 의미인지는 알 수 없다. 하지만 선이 보이고 선이 그어질 때의 소리가 들린다. 학창 시절에 분필이나 손톱으로 칠판을 긁을 때 시각과 청각적 자극 외에 몸이 찌릿할 만큼 촉각적인 자극도 받았던 기억이 있을 것이다. 이와 마찬가지로 우리는 캔버스에 그려진 것이

뭔지 몰라도 보고 듣는 감각을 통해 '그린다'는 행위를 몸으로 느낄 수 있다. 조금 뒤 그림을 그리는 화실 문하생들의 얼굴이 등장하고, 그 위로 소리가 들린다. "윤곽선 먼저, 다음은 실루엣, 서두르지 마. 날 천천히 관찰해." 화가 마리안이 화면에 보일 때 비로소 우리는 문하생들이 그리는 대상이 그녀임을 알게 된다. 마리안은 그들에게 그림을 그리는 규범을 일러 준다. 그런 앎에 기초해서 그릴 테지만, 마리안을 보는 시각에 따라 문하생들이 그린 그림은 제각각일 것이다.

영화 도입부에서 '보는 것'과 '아는 것'은 대립한다. 관객은 어떤 의미인지 알지 못해도 보고 느낄 수 있다. 문하생들은 보지 못해도 아는 대로, 그림의 규범대로 그릴 수 있다. 우리는 로맨스 영화를 통해 사랑을 보게 되는가, 아니면 사랑을 알게 되는가? 대답은 "안 봐도 알 것 같아." 아닐까? 언젠가부터 엇비슷한 로맨스 영화들을 감상하면서, 작품 속 인물들이 사랑한다는 걸 알고 이해하지만 보고 느끼지는 못하게 됐다. 〈타오르는 여인의 초상〉은 어떨까? 프랑스 북서부 브르타뉴의 외딴섬. 그곳에 사는 귀족 엘로이즈가 밀라노의 귀족과 결혼할 예정인데, 그 전에 그녀의 초상화를 밀라노로 보내야 한다.

하지만 정략결혼에 거부감이 있는 엘로이즈가 모델이 되길 거부해서, 초상화를 그리러 온 화가는 그녀의 얼굴도 못 보고 돌아간다. 그녀의 어머니는 새로운 화가 마리안을 산책 친구로 위장시켜 몰래 엘로이즈의 초상화를 그리게 한다. 그렇게 마리안이 엘로이즈의 저택에 며칠 머무르게 된다. 그런데 이때 엘로이즈와 마리안 사이에서 묘한 감정이 싹튼다.

마리안은 엘로이즈에게 사실을 털어놓고 몰래 그린 초상화를 보여 준다. 그림을 보고 실망한 엘로이즈가 말한다. "당신이 본 내가 이런 모습인가요?" 마리안이 항변한다. "그게 다는 아니에요. 그림에는 규칙과 관습, 이념이 있어요." 엘로이즈가 되묻는다. "생명력은 없나요? 존재감도?" 장르의 규칙과 관습, 이념에만 기댄 로맨스 영화에서 보이는 것들은 생명력을 상실한다. 반면에, 〈타오르는 여인의 초상〉을 비롯한 일련의 퀴어 로맨스가 회복한 것은 '보이는 것'의 존재감이다.

그럼 보이는 대로 이 영화를 살펴보자. 영화 초반부 카메라의 시선은 마리안의 시선과 거의 일치한다. 우리는 마리안의 눈에 보이는 것을 본다. 처음 보이는 엘로이즈의 모습도, 마리안의 눈에 보이는 그녀의 뒷모습이다.

해안선을 향해 뛰어가 그곳을 걷는 엘로이즈의 모습이 시종 마리안의 시선을 통해 우리에게 전달된다. 마리안은 관찰자고 엘로이즈는 그 대상이다. 이 시각적 구도는 마리안이 몰래 엘로이즈의 초상화를 그린다는 이야기와 조응한다.

앞서 말한 대로 엘로이즈는 그 초상화를 부정하고, 화가로서 자존심이 상한 마리안은 천으로 그림 속 엘로이즈의 얼굴을 문댄다. 엘로이즈의 어머니가 마리안을 쫓아내려 하지만 엘로이즈 덕분에 마리안에게 초상화를 그릴 기회가 다시 주어진다. 그렇게 본격적으로 초상화 그리기가 시작된다. 그런데 막상 엘로이즈가 포즈를 취하자 마리안은 그녀를 제대로 쳐다보지 못한다. 머뭇거리던 마리안이 캔버스에 엘로이즈를 그리기 시작하는데, 화면에는 엘로이즈를 보는 마리안의 얼굴과 스케치 과정만 보일 뿐 포즈를 취한 엘로이즈의 모습은 나타나지 않는다. 마리안이 평소에 모델을 관찰해 온 관습과 규칙, 이념으로는 엘로이즈를 볼 수 없다는 듯.

엘로이즈가 두 번째로 포즈를 취할 때 마리안이 그녀의 습관에 대해 말한다. 엘로이즈가 동요할 때 손을 움직이고 당황할 때 입술을 깨문다는 것이다. 그리고 경직

된 엘로이즈에게 재차 관찰자로서 자신의 우위를 드러내는 말을 한다. "미안해요. 나라도 그 자리가 싫을 거예요." 그런데 엘로이즈가 받아친다. "우린 똑같은 자리에 있어요. 아주 동등한 자리죠. 이리 와서 봐요. 당신이 날 볼 때 난 누구를 보겠어요?" 마리안은 엘로이즈의 자리에 가서야 자신도 그녀의 관찰 대상이었음을 깨닫는다. 이 장면에서 숏(보는 사람)과 역숏(보이는 사람)이 번갈아 이어져 누가 관찰자고 누가 관찰 대상인지 구분되지 않는다. 초상화는 마리안과 엘로이즈 사이에 오가는 시선에 따라 그려질 터다. 이 그림의 창조 과정은 일방적이거나 추상적이지 않고 상호적이며 구체적이다.

***

엘로이즈가 마리안과 하녀 소피(루아나 바야미) 앞에서 그리스신화인 '에우리디케와 오르페우스' 이야기를 낭독한다. 악사 오르페우스가 죽은 아내 에우리디케를 구하기 위해 저승으로 향한다. 그의 구슬픈 연주와 노래에 감화한 저승의 신이 에우리디케를 살려 주기로 결심한다. 저승을 빠져나갈 때까지 절대로 뒤돌아 에우리디케를 봐

선 안 된다는 조건을 걸고. 오르페우스가 저승 끝에 다다랐을 때 에우리디케가 잘 따라오는지 불안해서 뒤를 보고 만다. 둘이서 마주 본 찰나가 지나고 에우리디케는 저승으로 사라진다. 마리안은 오르페우스가 뒤돌아본 게 연인이 아니라 시인의 선택일 수도 있다고 말한다. 사랑 때문이 아니라 예술가라서 이별의 순간, 그녀와의 추억을 돌아보는 편을 택했다는 것이다.

그런데 시인의 선택은 연인의 선택과 결부돼 있다. 이승의 사랑은 유한하지만 절절한 이별의 순간을 예술로 승화시킨다면 그 안에서 사랑이 영원할 터다. 이것은 플라톤이 말하는 에로스적 사랑에 가깝다. 하지만 그때 오르페우스는 에우리디케를 통해 '영원한 사랑'의 관념에 다가서는 것이지 그녀를 오롯이 마주하는 것은 아니다. 엘로이즈는 전혀 다른 해석을 내놓는다. 오르페우스의 뒷모습을 보고 있던 에우리디케가 돌아보라고 말해서 오르페우스가 그녀의 뜻에 따랐을 수 있다는 것이다. 이는 오르페우스의 일방적인 시선이 아니라 교감에 따른 마주침이다. 이때 오르페우스와 에우리디케는 타오르는 정념을 진화하고 서로를 각자의 자리로 돌려보낸다.

마리안과 엘로이즈가 마을 축제에 갔을 때 둘이 서

로를 번갈아 바라본다. 숏과 역숏이 반복된다. 그 와중에 엘로이즈의 치마에 불이 붙는다. 마치 미묘한 시선의 교환이 둘의 감정에 불을 붙인 것처럼. 이들이 서로 뜨거운 사랑을 확인하는데, 기묘하게도 앞에 말한 신화와 비슷한 상황이 벌어진다. 어느 날 밤 촛불을 들고 엘로이즈에게 가던 마리안의 뒤에 엘로이즈의 환영이 나타난다. 마리안이 뒤돌아본 곳에 새하얀 드레스를 입은 엘로이즈가 서 있다. 며칠 뒤 엘로이즈의 환영이 다시 나타났을 때도 마리안은 뒤로 돌아 환영을 본다.

원치 않는 결혼이 죽음과 같다면 마리안은 엘로이즈를 구하러 온 오르페우스와 같다. 하지만 신분 차이를 차치해도 동성애가 금기시되던 시대에 둘이 사랑을 이어 가기란 사실상 불가능했다. 그러니 마리안이 돌아본 것은 엘로이즈와의 이별을 암시한다. 엘로이즈는 이렇게 말한다. "사랑에 빠지면 다들 뭔가 창조하는 느낌일까요? 난 그 몸짓을 알아요. 기다리며 상상했거든요." 그녀의 말대로, 드레스를 입은 엘로이즈의 환영은 마리안 상상의 창조물이다. 그렇게 그녀는 사랑이 가장 뜨겁게 타오를 이별의 순간을 예감한다. 환영을 보고 방에 들어선 마리안은 잠들어 있는 엘로이즈에게 입을 맞추고 완성돼

가는 초상화를 물끄러미 본다. 초상화에 이별의 정념을 가득 투영한다. 비록 엘로이즈와 이별해도 초상화는 영원한 사랑의 증표가 되리라. 마리안은 뒤돌아봤다. 오르페우스처럼 시인의 선택을 한 것이다.

초상화가 완성된다. 이별의 순간이 다가온다. 마리안은 엘로이즈와 짧게 포옹한 뒤 재빠르게 계단을 내려가 문으로 내달린다. 이별은 불가피하다. 이왕 헤어진다면 앞서 돌아본 것처럼 극적인 이별의 장면을 간직하는 편이 화가로서 그녀에게 이득일 터다. 하지만 그녀는 돌아보지 않을 참이다. 시인의 선택이 아닌 연인을 위한 선택을 한다. 엘로이즈에게 두고두고 아플 장면 대신 무심한 이별의 한때를 남기려 한다. 그때 들리는 엘로이즈의 목소리. "뒤돌아봐." 마리안은 머뭇거리다 눈물을 머금고 뒤돌아본다. 새하얀 드레스를 입은 엘로이즈가 계단 위에 서 그녀를 보고 있다. 전에 그들은 서로에게 말했다. "후회하지 말고 기억해요." 엘로이즈의 선택은 시인의 선택일까, 연인의 선택일까? '시인인 연인'을 위한 선택이 아닐까? 우리 다만 이 순간을 기억하자고. 당신의 그림을 위해. 우리의 삶을 위해. 원하는 삶을 살 수 없는 귀족 엘로이즈, 여성이라는 이유로 원하는 걸 그릴 수 없는 화가 마리안. 고단한 두 여자가 그렇게 마주해 서로를 바라본다. 이들은 사랑이 뭔지 몰라도 그 순간에 사랑을 본다. 우리는 무엇을 봤나? 그건 사랑이 아니라고, 사랑에는 관습과 이념이 있다고 말하는 세상에서 퀴어 로맨스는 우리가 알지 못하는 사랑을 보인다. '안 봐도 알 것 같은' 삶의 무감함을 뒤흔들어 '봐도 모르겠는' 곳으로 우리를 이끈다. 우리가 본 그 사랑은 그렇게 우리가 아는 사랑보다 작으면서 또 크다.

마리안의 화실 뒤편에는 타오르는 여인의 초상, 치마에 불이 붙은 엘로이즈를 그린 그림이 있다. 그것은 뜨겁게 타오르는 사랑을 상징한다. 다른 그림도 있다. 그녀가 (여성 화가는 자신의 이름을 쓸 수 없어서) 아버지의 이름으로 미술전에 출품한 그림이다. 그것은 오르페우스가 뒤돌아본 채 에우리디케와 이별하는 순간을 그리고 있다. 그림을 보던 한 신사가 마리안에게 말한다. "보통 뒤돌아보기 전이나 아내가 죽은 뒤를 그리는데, 여기서는 작별하는 것 같군요." 여기서 오르페우스와 에우리디케는 사랑 전후가 아닌 사랑의 순간에 결박돼 있다. 사랑에 대한 관념과 이념이 아니라 그저 망연히 볼 수밖에 없는 서로의 얼굴에 말이다. 삶은 계속된다. 마리안은 그녀

가 슬퍼 보인다는 제자의 걱정에 의연히 답한다. "이제
는 아니야." 영원하지 않다면, 식어 버렸다면 우리를 지
나친 뜨거움은 무엇인가? 사랑과 예술, 무엇 하나 자유
롭게 펼칠 수 없던 시대에도 뜨거웠던 이들은 말하리라.
"그 한 번의 따듯한 감촉 단 한 번의 묵묵한 이별이 몇 번
의 겨울을 버티게 했습니다."

3 불감증에 빠진 세계에서 사랑을 꿈꾸는 몸

: 〈아워 바디〉

정재은 감독의 영화 〈고양이를 부탁해〉(2001)에서 스무 살 태희(배두나)는 정처 없이 떠다니는 나룻배 같은 삶을 꿈꾼다. 실제로 선원 모집 광고를 보고 직업소개소에 배를 탈 수 있는지 묻기도 한다. 영화 속 스무 살 청춘들은 후미진 골목의 길고양이처럼 암울하지만 세계의 바깥이 있다고 믿는다. 영화의 배경인 항구(인천항)와 지하철, 버스, 공항(인천공항), 어딘가에서 알 수 없는 사람들이 밀려오고 또 어딘가로 훌쩍 떠나는 풍경이 이상한 생명력으로 '바깥'에 대한 감각을 돋운다. 소녀들이 자신의 서식지, 사각의 (영화) 프레임에 머무르지만, 그 불완전한 세계의 바깥에는 더 큰 세계가 있을 것만 같다. 영화의 말미에서 태희와 친구 지영(옥지영)은 비행기를 타고 알 수 없는 곳으로 떠난다.

하지만 정재은 감독의 후속작인 〈태풍태양〉(2005)에서, '바깥'이라 믿던 것들이 이미 안으로 포섭돼 있다. 인라인스케이트를 타고 질주하는 청춘들은 인적 없는 테헤란로 밤거리를 제 세상인 양 점유한다. 그곳은 무정부 도시처럼 보인다. 그들의 리더인 모기(김강우)의 판타지는 한강 밤섬에 스케이터들을 위한 파라다이스를 만드는 것이다. 하지만 현실의 벽에 좌절한 모기가 헤엄쳐 가까스로 밤섬에 다다랐을 때, 영화는 도심 빌딩에 포위된 섬의 전경을 보여 준다. 그는 더 갈 곳이 없다.

전고운 감독의 〈소공녀〉(2017)에서 미소(이솜)는 곤궁한 가운데 위스키 한 잔과 담배 한 모금은 포기하지 않는 천생 힙스터다. 치솟는 월세에 집을 나와 친구 집을 전전하면서도 자기 취향을 고수한다. 하지만 집이 없는 게 아니라 여행 중이라는 그녀의 '해맑은 가난'은 누구에게도 이해받지 못한다. 결국 막다른 곳에 다다른 그녀가 한강 변에 텐트를 친다.

왕가위 감독의 영화에서 장국영은 지구에 불시착해 귀환만 기다리듯 사는 데 무심하다. 그런 그에게 "괜찮아요? 많이 놀랐죠? 문제가 뭐예요? 직장? 연애? 집?" 하고 묻는 건 얼마나 무의미한가? 그의 대답은 "아니, 아니, 아니."일 터. 이 절대적 부정성은 지상낙원처럼 인식되는

북유럽의 복지국가도 그에게 소용없게 할 것이다. 〈아비정전〉(1990)에서 아비(장국영)는 자신이 '발 없는 새'라고한다. 발이 없어 어디에도 정착하지 못하고 계속 날기만한다. 영화 말미에 그는 새가 처음부터 죽어 있었다고 자조하는데, 애초에 그의 방황은 이 세계에 존재한다는 사실에서 비롯된다. '발 없는 새'는 세계의 바깥 어딘가에내려앉을 순 없지만 세계와 바깥의 경계에 닿아 있다. 그새는 "여기만 아니면 어디든" 소망하는 어른들에게 신화처럼 어른거린다.

**

하지만 취직, 연애, 내 집 마련을 통해 어떻게든 세계에발 딛고 살아가려는 오늘날의 청춘들에게 '발 없는 새'는 한가한 얘기다. 비행기로 한강을 넘고(〈고양이를 부탁해〉), 한강을 헤엄치고(〈태풍태양〉), 한강에 텐트를 치며(〈소공녀〉) 경계 바깥을 넘보던 청춘들은 이제 한강 이남에 자리 잡기를 소망한다. 그곳에 터를 잡고 주말마다 한강 변을 달리는 것이 꿈이다. 세계가 이미 견고하게 완성돼, 그들은 대부분 그 바깥이 있다고 믿지 않는다. 한가람 감독의 영화 〈아워 바디〉(2018)의 자영(최희서)도 그렇다. 명문대를 졸업하고 행정고시 준비만 8년째인 서른한 살 자영에게 왜 그렇게 사는지 물어 봐야 답은 싱거울 터다. 그냥 그래야 하니까. 달리 뭐가 있지도 않고….

하지만 자영은 긴 수험 기간에 탈진해 모든 의욕을 잃어버린다. 무미건조한 섹스 후에 이별을 통보하는 남자친구를 자영은 무력하게 떠나보낸다. 밤거리를 걷다 지친 자영이 계단에 털썩 주저앉는다. 그때 밤공기를 가르며 달리던 현주(안지혜)가 자영이 떨어트린 맥주 캔을 낚아채 건넨다. 자영은 현주의 가쁜 호흡을 듣고 탄탄한 몸을 본다. '툭툭 탁탁' 두 발로 계단을 연주하듯 뛰는 현주에게서 눈을 떼지 못한다.

자영이 고시를 포기하자 유예됐던 시간들이 빚쟁이처럼 몰려온다. 취업에 대한 의지마저 없는 자영에게 분노한 엄마는 자영의 밥그릇을 싱크대에 던져 버린다. 곧이어 월세와 공과금에 대한 지원이 끊기며 밥그릇이 자영에게 오롯이 맡겨진다. 돈을 벌기 위해 자영이 친구 민지(노수산나)가 다니는 회사에서 알바를 시작한다. 민지는 일찌감치 직장 생활을 시작해 그곳에서 대리로 일한다. 민지가 일당에 자기 돈을 보태 자영에게 건네고, 이를 알게 된 자영은 고마움보다 모욕감을 느낀다. 퇴근길, 달리는 현주를 발견한 자영이 그녀를 힘껏 쫓는다. 하지만 이내 현주의 속도를 따라잡지 못하고 주저앉아 서러움이 북받쳐 운다. 현주가 오열하는 자영을 물끄러미 바라본다. 이렇게 둘의 인연이 시작된다. 자영이 현주와 달리기를 시작한다.

자영은 거울을 통해 자신의 몸을 들여다본다. 지쳐 쓰러질 때까지 런지와 플랭크를 반복한다. 현주의 러닝 동호회 사람들과 어울리며 달린다. 그렇게 운동하면서 자영의 몸과 마음에 눈에 띄는 변화가 시작된다. 늘어진 몸에 탄력이 붙고 무표정한 얼굴에 웃음이 깃든다. 탁 트인 도시의 야경, 작은 자취방에서 볼 수 없던 널따란 세계와 마주한다. 늦잠을 자던 자영이 새벽 공기를 마시며 한강 변을 달린다. "내 기를 빼먹는다 생각하고 힘들면 내 뒤에 바짝 붙어서 뛰어." 자영은 현주가 일러 준 대로 늘 그녀의 뒤에서 달린다.

그런데 어느 날, 현주가 평소답지 않은 말을 한다. "자영아 오늘, 네 뒤에서 뛰어도 돼? 힘들면 윤자영 기 빼먹으면서 뛰려고." 하지만 이날도 현주는 자영을 앞질러 뛰어간다. 밤거리를 쉼 없이 달리는 현주의 뒷모습에 적

막함이 물든다. 자영의 애탄 부름에 현주가 잠시 뒤를 돌아보는데 알 수 없는 표정이다. 그리고 계속 달린다. 현주를 멈춰 세운 건 죽음이다. 현주가 차에 뛰어들었다.

직장인인 현주는 작가를 꿈꾼다고 했다. 자영은 주인이 사라진 현주의 방에서 그녀의 자취를 발견한다. 각종 소설 공모전의 서식, 정성스레 쓴 소설, 현주의 등 근육이 선명하게 드러난 사진 액자. 자영은 잠이 든다. 행복하던 지난 시간은 한낱 꿈이었을까? 현실이 꿈을 깨운 듯, 긴장된 표정으로 (알바 하던 회사의) 인턴 면접에 임하는 자영의 모습이 이어진다. 서른한 살의 무경력 여성. 심드렁한 표정의 면접관들 앞에서 자영은 유령이 된다. 생각해 보면, 고시 공부를 할 때나 알바를 할 때도 그녀는 유령이었다. 미래에 저당 잡힌 몸이 수험서 위에서 둥둥 떠다녔고, 알바를 하는 사무실에서 아무도 그녀의 존재를 의식하지 않았다. 그 반면 뛰는 동안은 자신에게 몸이 존재함을 느꼈다. 호흡하고 땀 흘리는, 부정할 수 없는 몸. 그녀에게 몸을 만드는 것은 그저 건강을 도모하거나 타인의 시선을 끌기 위한 일이 아니다. 그것은 과거와 미래로 분기하지 않는, 오롯한 현재를 향유하는 일이다.

현주가 자영을 집에 초대해 함께 술을 마시던 날, 취

한 현주가 옷을 훌러덩 벗어 던진다. 속옷만 입은 채 오피스텔 복도로 나간다. 누가 볼세라 노심초사하는 자영을 골리듯 빙그르르 복도를 돈다. 현주는 자기보다 서른살 많은 남자와 자는 섹스 판타지가 있다고 말한다. 온갖 고생을 해서 몸을 만들어도 어린 남자들은 자기 몸 좋은 것만 자랑한다고 한다. 자영은 처음에 현주의 판타지를 이해하지 못한다. 복도를 활보하는 현주를 자영이 불안하게 보는 것은 그녀의 몸이 남자들의 성적인 시선에 노출될 수 있어서다. 서른 살 많은 남자와 섹스를 하는 여성의 몸도 같은 맥락에서 해석될 것이다. 그녀가 가부장적 권력에 굴복하거나 목적을 위해 몸을 이용하는 거라고 말이다. 어느 쪽이든 현주의 성적 판타지는 정치적으로 불편하다. 그래서 판타지로 머물 수밖에 없을 것이다.

하지만 현주의 판타지는 권력에 대한 굴종도 성적 매력을 통한 권력의 행사도 아니다. 그것은 자신의 몸을 온전히 바라봐 주는 시선에 대한 성적 욕망이다. 낯설고 황홀한 사건으로 내 몸을 바라보는 시선 말이다. 플라톤이 『향연』에서 말하듯 "모든 몸들에 속한 아름다움이 하나요 같은 것이라고 생각"하는 무미한 진리의 시선이 아니다. 음탕한 성애도 아니다. 고유한 몸을 살덩이로 형해

화하는 포르노그래피적 시선도 진리의 시선만큼이나 금욕적이고 건조하다. 에로틱한 시선이 에로틱한 몸을 만든다. 자영은 자신의 몸을 낯설게 보기 시작하면서 자신의 욕망을 발견해 간다. 몸이 제 주권을 요구한다. 단지 감각적 만족이 아니다. 몸이 요구하는 권리는 삶에 대한 주권과 밀접하다. 에로틱한 몸은 에로틱한 세계가 필요하다. 자영은 몸을 만들면서부터 견고한 세계의 바깥을 넘본다.

하지만 서로의 몸을 유령으로 만드는 시선의 체계에서 현주의 판타지는 실현할 수 없다. 자영은 일터에서 존재감 없이 부유하다 밤에는 발을 땅에 디디며 달린다. 노동의 시간에 몸이 지워질수록 달리는 시간이 절실해진다. 자영은 현주가 왜 그토록 달리기에 집착했는지 깨닫는다. 자영이 인턴에 합격한다. 회의실에서 회사 관계자가 합격자들에게 한 달 뒤 최종 평가로 정규직 전환 여부가 판가름 난다고 말한다. 이때 자영은 회의실 유리창 너머로 예전에 자신이 있던 자리에서 알바 중인 청춘들을 본다. 알바에서 인턴으로, 인턴에서 정규직으로 그리고 상위 직급으로 이동하는 노동의 컨베이어 벨트에서 몸은 항상 임시적이다. 더 높이 올라가기 위해 대기할 뿐이다.

몸은 현재를 살지 못하고 번번이 미래에 붙잡힌다. 현주가 그랬듯 자영이 필사적으로 달아난다. 밤마다 뛰고 또 뛴다. 그래 봐야 '바깥'이 없는 세계에서 몸은 달아나고 붙잡히기를 반복할 뿐이다.

***

인턴 면접을 마친 자영이 알바 야근을 하던 날, 면접관이던 정 부장이 사무실로 들어선다. 누가 봐도 삶에 지치고 찌든 중년 아저씨인 그가 자영에게 술을 건네며 면접 때 좋게 봤다고 너스레를 떤다. 자영의 몸이 건강해 보인다고 추파를 던진다. "자영 씨는 이상형이 어떻게 돼?" 선을 넘었다 싶었는지 거리를 두는 정 부장에게 자영이 예상치 못한 답을 건넨다. "나이 많은 남자요." 자영이 그의 유혹에 응한 게 아니라 그를 유혹한다. 현주의 판타지를 실행에 옮긴다. 그것은 권력에 대한 투항이기는커녕 정 부장 같은 면접관들, 자신을 유령으로 만든 시선들에 대한 저항에 가깝다. 여기 살아 있는 몸이 있다, 당신들 죽은 몸을 보라. 몸은 세계가 완성된 게 아니라 죽어 가고 있음을 폭로한다. 하지만 자영의 행동은 누구에게도 이해받을 수 없다. 자영이 인턴이 된 후, 회사에 그녀와 정 부장에 대한 소문이 퍼진다. 자영이 민지에게 말한다. "왜 다들 그렇게 생각해? 왜 내가 인턴 되려고 정 부장이랑 잤다고 생각해?" 그녀의 몸은 사회적, 정치적으로 부적절한 것이 된다. 자영이 사원증을 두고 회사를 떠난다.

전에 자영이 현주에게 성적 판타지를 말했다. 비싼 호텔에서 누구의 시선도 신경 쓰지 않고 하는 섹스. 회사를 그만둔 자영은 판타지를 실행에 옮긴다. 고급 호텔 방에서 평소에 사 먹을 수 없던 한우 햄버거를 시켜 먹는다. 그리고 창가의 햇살을 받으며 아무 방해도 없이 자위한다. 어차피 서로를 유령으로 만드는 시선 속에서 섹스는 자위와 다르지 않을 터. 자영은 고립된 성적 행동을 하는 게 아니다. 그녀는 에로틱한 시선의 주체이자 대상이 된다. 그녀 안에 있는 작은 세계가 자영의 흥분과 함께 한껏 달아오른다.

자영이 상상한다. 자신이 현주를 앞질러 뛰어가는 장면을, 현주가 그녀에게 기대어 뛰는 모습을. 자영은 꿈을 꾼다. 그녀가 현주의 몸을 만진다. 혹사당하는 몸, 짓이겨지는 몸, 부서지는 몸, 아픈 몸, 우리의 몸, 서로에게 감응하는 사랑을 꿈꿨을 몸. 자영이 현주의 몸을 보듬는다. 자영은 명백히 불감증에 빠진 세계의 바깥에 있다. 그런데 그녀가 돌아갈 곳이 있을까? 오르가슴을 맛본 그녀가.

4 사랑을 위한 경쟁 시장

: 〈더 랍스터〉

연애 리얼리티 프로그램에서 짝으로 선택받지 못한 출연자는 대개 패배자처럼 연출된다. 그래서 혹자는 사랑의 본질 대신 지나친 경쟁만을 부각한다고 비판한다. 과연 그런 프로그램이 유난히 자극적일까? 어쩌면 현실과 너무 닮아서 불편한 게 아닐까? 사생활로 인식되는 연애는 어떤 공적 개입도 존재하지 않는 자력갱생의 장이다. 그 안에서 개인은 적나라한 평가와 비교에 무방비로 노출된다. 국가의 복지가 점점 확대되고 있지만, 연애에 대해 시행된 예는 없다. 물론 기본소득처럼 전 국민 짝짓기를 보장하는 '기본 연애'는 공상에 가깝다. 여성들보다 비둘기가 많았다는 전설의 '솔로 대첩' 같은 행사에서 성비를 조절하는 정도의 소극적 개입도 사생활에 대한 국가의 월권이라 여겨질 것이다.

그런데 연애를 사적인 것으로 단정할 수 있을까? 외

모, 학력, 자산을 획득하는 데 사활을 거는 오늘날 연애는 이 모든 것을 집약해 비교하는 경쟁이다. 소개팅의 호구조사는 경쟁에서 획득한 전리품 소개와 같다. 조건만 보고 연애한다는 말이 아니다. 객관적인 조건부터 충족돼야 상대의 주관적 매력을 판단한다는 말이다. 사회와 시장에서 벌어지는 다양한 경쟁을 가산점제, 할당제, 각종 세금으로 규제하는 것은 경쟁이 초래하는 문제가 공동체에 큰 영향을 주기 때문이다. 그렇다면 연애 역시 '우리'의 문제지 '너와 나'의 문제일 순 없다.

연애가 초래하는 문제는 공동체의 안녕을 위협한다. '자세히 보이고 오래 보여도' 안 생기는 솔로들의 울분은 각종 사회적 분란의 원인이 될 수 있다. 커플들은 또 어떤가? 일찍이 고대 스토아학파, 칸트, 애덤 스미스를 비롯한 많은 철학자는 사랑이 유발하는 소유욕, 연인만을 생각하는 편파성, 변심한 상대에 대한 증오심과 복수심 같은 것들이 윤리적인 사회를 만드는 데 해악을 끼친다고 우려했다. 철학자 마사 누스바움은 사랑의 나쁜 부분을 정화하고 좋은 부분을 취하는 일이 그들에게 중요한 철학적 과제였다고 말한다.[1] 도덕적인 철인들이 통치하는 국가를 구상한 플라톤이 오죽하면 그들이 배우자를 공유해야 한다고 생각했을까?

***

국가가 정말 사랑에 개입하면 어떤 일이 벌어질까? 그리스 감독 요르고스 란티모스의 영화 〈더 랍스터〉(2015)에는 나이가 찼어도 짝을 찾지 못한 사람, 이혼이나 사별로 혼자가 된 사람 들이 의무적으로 입소해야 하는 호텔이 등장한다. 이곳에서 45일간 지내며 짝을 찾지 못한 사람은 자신이 선택한 동물로 변한다. 한편 호텔 밖 숲속 세계에서는 이런 제도를 거부하는 솔로들이 살고 있으며 커플이 되려는 사람들을 엄벌에 처한다. 얼핏 보면 황당하고 우스꽝스러운 설정 같다. 하지만 낭만적 사랑을 불신하는 시대의 로맨스 영화가 사랑에 대한 공적 개입을 상상하는 것은 지극히 자연스럽다.

영화 도입부, 아내에게 버림받은 데이비드(콜린 패럴)는 형벌을 기다리는 죄수처럼 소파에 앉아 있다. 요르고스 란티모스의 영화들은 2010년 남유럽 재정 위기의 발단이 된 그리스의 국가 부도 위기와 그에 따라 그리스 사회에 펼쳐진 비극적 현실의 영향을 크게 받았다. 위기에 빠진 그리스가 유럽연합EU과 국제통화기금IMF으로부터 천문학적 구제금융을 받은 대가는 혹독했다. 임금과 복지는 쪼그라들고 공기업은 민영화됐으며 대량 해고가 단행됐다. 급격히 신자유주의적 경쟁 사회로 재편된 것이다. 남편으로서 해고당한 데이비드도 안락한 가정에서 벗어나 살벌한 사랑 경쟁을 벌여야 하는 호텔로 향한다. 그는 짝을 찾지 못해서 일찍이 강아지로 변한 형을 데리고 호텔에 들어간다.

호텔의 모든 규칙과 프로그램은 짝짓기라는 목적에 맞춰져 있다. 커플 찾기에 쓸 에너지를 애먼 데 써 버리는 자위를 방지한다는 이유로 호텔 직원들이 데이비드의 허리춤에 괴상한 벨트를 채운다. 규칙을 어기고 자위를 한 혀 짧은 남자는 토스터에 손을 넣는 잔인한 처벌을 받는다. 솔로들에게는 배구나 테니스 같은 커플 운동이 금지되고 스쿼시나 골프 같은 개인 운동만 허용된다. 호텔 직원들은 체했을 때나 괴한을 만났을 때 커플과 솔로의 상황을 재현하며 커플의 안전과 솔로의 위험을 극적으로 대비한다. 호텔 강당에서는 입소자들의 커플 맺기를 독려하는 무도회가 성대하게 거행된다. "내 마음을 사로잡은 그대~ 내 영혼과 정신은 혼미해지네~." 영혼의 단짝처럼 보이는 남녀 호텔 매니저 커플이 밴드의 연주에 맞춰 연가를 부르며 흥을 돋운다. 소심한 데이비드도 그 분위기에 힘입어 건너편 여인에게 다가가 수줍게 춤을 추자고 한다.

좀 괴상하긴 해도 의도가 나빠 보이진 않는다. 호텔의 여자 매니저(올리비아 콜먼)는 혼자보다 둘일 때 삶이 윤택해지는 걸 사람들이 자주 잊어버린다고 데이비드에게 말한다. 사랑이 삶을 풍요롭게 한다는 이념에 기초해 연애에 서툰 사람들을 돕는 공공 기관이라니. 솔로를 위한 나라는 없다고 누가 말했던가? 스스로 돕지 못하는 자를 돕는 복지국가가 이제 스스로 고백을 (하거나 받지) 못 하는 자까지 돕는 걸까? 하지만 무도회의 낭만적 분위기가 불길한 사이렌과 함께 급반전된다. 호텔 밖에서 솔로로 살아가는 불온한 '외톨이'들을 사냥할 시간이 된 것이다.

공기총에 맞고 붙잡힌 외톨이들은 동물이 될 터다. 그러나 외톨이 한 명을 잡을 때마다 입소자들이 짝을 찾을 시간, 즉 인간으로서 살 수 있는 시간은 하루씩 연장된다. 사냥이 시작된다. 쫓는 자와 쫓기는 자의 달음박질에는 동물이 될 수 없다는 절박함이 묻어난다. 영화는 사냥 순간을 슬로모션으로 연출하며 몰고 몰리는 군상의 표정과 움직임을 세밀히 담아낸다. 행동이 굼떠서 붙잡힌 여자의 피투성이가 된 얼굴이 화면을 가득 채운다. 사냥터의 치열함은 호텔에서 벌어지는 사랑의 경쟁이 우아한 왈츠가 아니라 생존의 군무임을 알려 준다. 그런데 살벌한 사랑의 경쟁은 호텔에만 있는 것이 아니다. 데이비드는 시력이 나쁘다는 이유로 아내에게 이별을 통보받았다. 호텔에 입소했던 절름발이 남자의 어머니는 수학 실력이 부족해서 남편에게 버림받았다. 그녀는 학사 학위밖에 없지만, 남편이 선택한 여자에게는 석사 학위가 있었다.

사랑에서 경쟁이라는 방식이 나쁜가? 사랑의 경쟁에서 도태된 호텔 입소자들의 얼굴에는 열패감이 가득하다. 성공적인 사랑은 사회생활에 긴요한 자존감과 안정감을 준다. 그러니 국가가 사랑을, 사회 구성원들의 활동을 재생산하는 중요한 공적 자원으로 여길 법하다. 하지만 플라톤식 사랑 국유화로는 자발적인 사랑에서 우러나는 커다란 감정적 에너지를 획득할 수 없다. 이를 아는 호텔은 감정도 없으면서 커플로 위장하는 이들을 엄벌에 처한다. 그러니 사랑에서 자유로운 경쟁 방식 자체가 나쁘지는 않다. 그런데 호텔 입소자 중 데이비드나 풍성한 금발 여인처럼 딱히 경쟁에 뛰어들고 싶지 않은 사람이 많다. 사랑하고 싶지 않거나 사랑할 준비가 안 돼 있기 때문이다. 이런 이들은 호텔의 강제력에 따라 경쟁에 임할 뿐이다. 호텔의 존재가 증언하는 진실은 사랑 경쟁이 강력한 권력 없이는 이뤄지기 힘들다는 것이다. 신자유주의 사상의 기초를 마련한 경제학자 프리드리히 하이에크도 경쟁 시장이 존재하려면 이를 유지시키고 효율적으로 작동시키는 강제력이 필요하다고 말했다.[2]

풍요로운 삶을 위해 사랑의 경쟁이 필요하다면 국가가 이를 보조할 수도 있다. 그런데 목적에 대한 과신은 수단에 대한 맹신으로 변하기 마련이다. 호텔에서는 수단에 불과한 사랑의 경쟁이 목적이 돼 버렸다. 호텔은 경쟁에서 도태된 사람과 경쟁을 거부하는 사람 들을 동물로 만든다. 경쟁을 당연한 것으로 만들려 할수록 호텔은 괴물 같은 시스템이 되어 간다. 경제학자 장하준이 지적한 대로 칠레의 극단적인 경쟁 시장에 악명 높은 독재자 피노체트가 필요했던 것처럼 말이다.[3] 호텔 입소자들을 움직이는 것은 더 나은 삶에 대한 욕구가 아니라 동물이 될 수도 있다는 공포다. 경쟁하지 말자는 얘기가 아니다. 사랑의 경쟁을 거부하고 솔로의 삶만을 허용하는 숲속 사회도 호텔 못지않게 폭력적이다. 특정한 수단이 삶을 규율하는 유일한 원리가 되고 삶의 목적이 될 때 현실은 부조리해진다.

***

오늘날 신자유주의적 경쟁 사회의 풍경이 그렇다. 경쟁이 수단을 넘어 목적이 돼 버렸다. 경쟁에서 도태된 사람들이 갑질을 당하며 인간 이하의 동물 취급을 받는 일도 많다. 치열하게 달리는 것만이 정상이고, 쉬고 돌아보고 멈추는 것은 비정상이 되었다. 경쟁 시장을 신봉하는 경제학자 밀턴 프리드먼은 '선택할 자유'를 말하면서도 경쟁이 아닌 원리를 선택할 자유는 상상하지 않는다. 그가 한 연설에서 피노체트 같은 독재자도 경쟁 시장의 원리를 추구한 것이 놀랍다고 했는데, 이것은 본말전도 아닌가? '찍먹'과 '부먹' 중 하나를 택할 자유가 있으나 탕수육은 없다는 말처럼. 왜 칠레 국민들에겐 빵과 과자를 선택할 자유는 있어도 민주적인 정부를 선택할 자유는 없었나?

사랑도 경쟁의 전리품처럼 되어 간다. 결혼을 안 했거나, 연애하지 않는 사람들을 패배자쯤으로 보는 것도 이 때문이다. 연애에 관심 없는 사람은 삶에 대한 의욕이 없는 염세주의자로 여겨지기까지 한다. 하지만 사랑이란 과제나 이벤트가 아니다. 산도르 마라이의 소설 『열정』의 한 구절처럼 "중요한 것은 전 생애로 대답"한다.[4] 사랑도 그렇다. 어느 시기에 혼자이거나 둘인 것은 사실 사랑과 무관하다. 둘이기 위해 혼자인 시간, 혼자이기 위해 둘인 시간에도 우리는 내내 사랑하고 있지 않은가? 당신의 마음이 누군가에게 아주 늦게 도착해도 세사르 바예호의 시구처럼 "온 마음을 다해 오느라고, 늙었구나"[5] 싶을 뿐.

사랑이라는 전 생애의 대답, 길고 긴 마음의 순례가 단지 과제와 이벤트로 여겨질 때 그리고 살아남기 위한 의례가 될 때 어떤 일이 생길까? 호텔 입소자들은 어떻게든 커플이 되어 동물이 되지 않으려고 발버둥 친다. 가장 효율적인 방법은 서로 똑같아지는 것이다. 똑같기에 최소한 누군가가 우위에서 상대를 버리는 일은 없을 거라는 마음이 두 사람을 커플로 맺어 준다. 그래서 다리 저는 남자는 코피 흘리는 여인의 마음을 사로잡기 위해 수영장 타일이며 탁자에 머리를 박아 코피를 낸다. 다급해진 데이비드도 금발 여인에게 자신의 머릿결이 어떤지 넌지시 묻는다. 호텔에서 커플이 된 사람들은 대개 특성과 취향, 직업이 비슷하다. 호텔 매니저 커플은 둘 다 목소리가 좋다. 스키를 좋아하는 커플, 사회과학 전공자 커플, 코피를 자주 쏟는 커플도 탄생한다.

데이비드는 갖은 위기 끝에 호텔을 탈출한다. 아이러니하게도 그가 솔로로 살아야 하는 숲속 세계에서 자신처럼 시력이 나쁜 근시 여인(레이첼 바이스)과 사랑에 빠지는데, 이 사실을 안 숲속 사회의 지도자(레아 세두)가 근시 여인의 눈을 멀게 한다. 데이비드는 근시 여인의 불행을 연민하기보다 어떻게든 그녀와 새로운 공통점을 만들어 사랑을 이어 가려고 애쓴다. "혈액형이 뭐지? 작은 열매 좋아해? 블루베리? 블랙베리? 피아노 칠 줄 알아? 독일어 할 줄 알아?" 둘은 숲속 세계에서 탈출해 도시로 향한다. 새로운 공통점을 찾지 못한 데이비드는 급기야 자신의 두 눈을 멀게 해 그녀와 같아지기로 결심한다.

둘이 되기 위해 하나가 되어야 하는 세계. 이는 별스러운 게 아니다. 학벌, 경제력, 사회적 지위가 비슷한 사람끼리 하는 결혼을 동질혼이라고 한다. 오늘날 우리 사회에서도 동질혼이 대세가 되었다. 동질혼은 사랑의 실패자가 되지 않고 사회적 경쟁에 필요한 경제적, 감정적 자본을 축적하는 데 지극히 합리적인 전략이다. 삐끗하면 동물로 전락하는 사회 그리고 낭만적 사랑이 사치가 된, 재정 위기 이후 그리스나 IMF 사태 이후 한국에서처럼 말이다.

　호텔 매니저가 말한다. "공통점이 있는 동물을 선택해야 돼요. 늑대와 펭귄은 절대 함께 못 살죠. 낙타와 하마도 그렇고요." 입소자 대부분은 짝을 맺기 위해 가장 흔한 '개'가 되길 선택한다고 말한다. 그래서 온 세상이 '개판'이라고. 어쨌든 그곳에서 하이에크가 말한, 자유주의의 지상 목표인 다양성은 없다. 호텔에 있을 때 짝을 못 찾으면 어떤 동물이 되고 싶냐는 물음에 데이비드는 특이하게도 랍스터라고 답한다. 호텔 매니저는 남들이 잘 선택하지 않는 희귀 동물은 위험에 빠질 수 있다고 경고한다. 바다를 좋아하는 그는 대양을 누비며 자유롭게 사랑하는 랍스터를 상상한다. 하지만 랍스터를 위한 나라가 있을까?

5 신자유주의 시대의 가족 로맨스
: 〈토니 에드만〉

영화의 '장르'는 요리 레시피와 비슷하다. 레시피는 재료의 양과 조리 순서와 방식을 일러 준다. 그대로 따라 하면 기대한 맛을 낼 수 있다는 것이다. '장르' 역시 규정된 눈물과 웃음의 양, 이야기의 순서, 연출 방식에 충실하면 관객들이 영화에 기대한 맛을 낼 수 있다고 약속한다. 획일적인 레시피를 거부하며 창의적인 요리에 도전한 사례가 영화사에 무수히 많다. 하지만 '아는 맛이 더 무섭다'는 게 영화에도 통한다. 단짠단짠, 웃음 반 눈물 반의 빤한 레시피에 여전히 '한 그릇 더'를 외치는 관객이 많으니 말이다.

그런데 창의적인 요리를 만드는 것보다 더 어려운 일이 기존 레시피를 따라 하면서도 전혀 다른 맛을 내는 것이다. 그런 요리는 레시피의 권위에 물음표를 던진다. 봉지에 적힌 조리법대로 라면을 끓였는데 '그 맛'이 안

난다? 그럼 라면 회사의 위신을 뿌리째 흔드는 것 아닌가? 로맨스 영화도 마찬가지다. 틀을 깨는 작품이 장르의 위기를 불러오는 것이 아니다. 진짜 위기는 장르의 규칙에 충실한 영화가 기대하던 감상의 효과를 불러일으키지 못할 때 온다. 독일 감독 마렌 아데가 연출한 〈토니 에드만〉(2016)이 바로 그런 작품이다. 〈토니 에드만〉은 부녀간의 사랑과 갈등을 그리는 가족 로맨스라 할 수 있다. '가족 로맨스'는 정신분석학자 지그문트 프로이트가 '오이디푸스적 서사'에서 착안해 만든 말이다. 프로이트는 오이디푸스 콤플렉스에 갇힌 개인이 연인을 찾아 헤매는 것은 닮고 싶은 부모상을 찾는 것과 같다고 했다.[1] 이런 의미에서 〈토니 에드만〉은 주인공 이네스의 진정한 아버지 찾기이자 사랑 찾기에 관한 영화다.

***

빈프리트(페테르 시모니슈에크)는 이혼하고 혼자 사는 노인이다. 전처의 집에 방문한 그가 딸 이네스(산드라 휠러)와 오랜만에 재회한다. 어색한 포옹을 마치고 뒷걸음질 치는 딸과 멋쩍은 아버지. 이들은 무슨 말을 건넬지 몰라

입술만 달싹인다. 부녀의 사이는 빈프리트가 사는 독일과 이네스가 있는 루마니아의 거리만큼 아득하다. 오랜만의 만남이 무색하게 곧 떠난다는 이네스에게 빈프리트는 "딸 노릇 할 사람 고용했으니 신경 쓰지 말라."고 말한다. 이네스는 "잘 됐네요. 생일 때도 그 딸이 전화하면 되겠네요." 하고 받아쳤지만, 돌아서는 아버지의 뒷모습에 눈길이 머문다. 대개 그렇듯 이들도 사랑을 표현하는 데는 미숙하지만 적의를 드러내는 데는 능숙하다.

이제 능숙한 적의가 성숙한 사랑으로 변해 가는 과정을 지켜볼 차례다. 빈프리트가 이네스가 있는 루마니아의 부쿠레슈티로 떠난다. 갑작스러운 아버지의 방문에 딸은 당황스럽다. 부녀의 불편한 동거가 시작된다. 다국적 컨설팅 기업의 팀장인 이네스는 한 치의 빈틈도 없이 야무지다. 그 반면 은퇴한 음악 교사인 빈프리트는 이네스의 표현으로는 "인생에 방귀 쿠션 장난 말고 다른 계획은 없는" 철부지 아버지다. 너무 다른 이들은 사사건건 부딪친다. 그래도 빈프리트는 딸과 가까워지기 위한 노력을 그치지 않고 과감한 변신까지 감행한다. '토니 에드만'이라는 거물 컨설턴트로 변장한 것이다. 토니 에드만은 이네스의 직장에 잠입해 이네스가 일을 어떻게 하는

지 지켜보고 이네스의 애인이나 친구 들을 만나기도 한다. 토니 에드만의 정체를 곧장 알아챈 이네스가 사태를 수습하려 하지만, 막무가내인 아버지 앞에서 속수무책이다. 빈프리트의 눈물 나는 노력 끝에 이네스가 마침내 아버지의 진심을 느끼고 그 품으로 달려든다. 부녀의 뜨거운 포옹이 도입부의 싱거운 포옹과 극적으로 대비된다. 갈등은 사르르 녹아내리며 사랑은 승전보를 알린다. 줄거리만 보면 영락없는 할리우드 (가족) 로맨스 영화다.

'잘~한다'는 말은 칭찬일까? 겉으로는 그렇지만 상황과 맥락에 따라 비꼬는 말일 수도 있다. 바로 반어법이다. 나는 〈토니 에드만〉이 반어법을 쓴다고 생각한다. 이 작품은 로맨스의 달콤한 맛을 줄 듯 보인다. 하지만 영화를 보고 나면 무슨 맛인지 헷갈린다. 이 영화가 반어법을 쓰는 이유가 바로 그것이다. '분명 예상한 맛이 나야 하는데 왜 그러지?' 하면서 관객은 영화를 여러 번 곱씹게 된다. 영화를 둘러싼 상황과 맥락을 헤아려 보는 것이다.

영화 결말부에서 이네스가 할머니(빈프리트의 어머니)의 장례식에 참석하러 다시 독일에 간다. 빈프리트가 이때 이네스에게 장례식 음악으로 해리 벨러폰티(1927~)의 노래를 틀어야 한다고 말한다. 흑인 음악가인 해리 벨러폰티는 1960년대에 마틴 루터 킹(1929~1968) 목사와 흑인 민권운동에 헌신했고 베트남전을 반대하는 평화운동에도 참여했다. 이 자유와 평화의 정신이 68혁명이라는 거대한 물결로 이어진다. 1968년, 독일과 프랑스·미국을 비롯한 세계 각지에서 수많은 청춘들이 자본과 권력과 성적 억압으로부터 해방을 외치며 거리로 나섰다. 이들은 진정 자유롭고 평등한 세상을 만들자고 소리 높였다. 이런 집단적 체험과 시대적 감수성은 이 시대 청년들에게 '68세대'라는 정체성을 부여했다. 머리에 띠를 두르고 한목소리를 내던 과거의 혁명 세대를 상상하면 안 된다. 68세대는 제멋대로인 히피고 정착을 거부하는 집시였다. 이들은 극장을 점령한 채 온갖 공연을 벌였으며, 정장을 벗어던지고 거리의 춤꾼과 악사를 자처했다. 68세대는 집단적 사명보다 자신의 욕망과 행복이 중요했다. 이들은 권력을 얻거나 제도를 바꾸는 걸 통해 사회가 변한다고 생각하지 않았다. 68세대의 준거점은 '개인'이었다. 이들은 개인이 변해야 사회를 근본적으로 바꿀 수 있다고 생각했다.[2] 할머니의 유품은 철모인데, 이는 독일 나치 세대의 군국주의적 성격을 상징한다. 해리 벨러폰티의 음악이 이와 대비되며 68세대로서 빈프리트의 정체성을 드러내는 것이다. 하지만 68세대의 영광은 이제 호랑이 담배 피우던 시절 얘기가 돼 버렸다. 이런저런 알바로 생계를 이어 가며 혈압계를 차고 있는 빈프리트의 현실이 이를 말해 준다.

영화 초반부에 이네스의 할머니가 빈프리트의 아픈 반려견을 안락사시키라고 권하는데, 빈프리트가 "어머니도 안락사는 안 시킨다."며 발끈한다. 빈프리트는 오랜만에 만난 이네스가 업무 전화만 붙잡고 있자 전처에게 "우리가 딸을 잘못 키웠다."고 말한다. 그는 위아래로 불만이 많다. 부모 세대를 안락하지 않게 죽인 68세대는 일과 성공밖에 모르는 자녀 세대를 염려한다. 빈프리트가 딸에게 묻는다. "행복하니? 재밌게 인생을 좀 즐기냐 말이다." 이네스는 얼굴을 찌푸린다. "재미, 행복, 인생… 거창한 말들이 난무하네요." 영화를 둘러싼 맥락을 고려해 볼 때 빈프리트는 아버지로서 이네스를 방문한 게 아니다. 셰익스피어의 비극 『햄릿』에서 억울하게 죽임을 당한 햄릿의 아버지가 유령의 형상으로 아들을 찾아온 것과 같다. 68혁명이 까맣게 잊히면서 68세대는 이제 역사적으로 죽은 것이나 마찬가지다. 실제로 프랑스 전 대통령 사르코지는 재임 당시 "68혁명이라는 관에 못을 박겠다."고 선언했다. 68세대는 이 죽음이 억울하다. 이에 대해 해원하기 위한 사신처럼 빈프리트가 이네스의 세계에 당도한 것이다. 아버지가 아닌 토니 에드만의 모습으로 말이다.

토니 에드만은 대기업 대표를 코치하는 걸출한 컨설턴트를 자처한다. 그래서 이네스 주변의 사업가들도 그에게 관심을 보이지만, 그는 그들에게 시시껄렁한 농담을 늘어놓을 뿐이다. 거기다 털이 무성한 가발에 틀니를 껴서 커진 치아를 드러내는 그의 모습은 원시인에 가깝다. 외관만 그런 게 아니다. 그는 생리 현상을 드러내는 데 거리낌이 없다. 이네스의 회사 대표 앞에서 (방귀 쿠션을 통해) 방귀를 뀌고, 이네스와 함께 방문한 정유 시설 근처에서 대변을 보려고 한다. 이네스가 아웃소싱 컨설팅을 맡은 기업의 시설인데 말이다. 토니 에드만은 도대체 왜 이렇게 우스꽝스러운 짓을 벌일까? 가족 로맨스의 전형적인 설정으로 보이기도 한다. 영화 〈미세스 다웃파이어〉(1993)에서도 아버지(로빈 윌리엄스)가 자녀들 앞에 이상한 할머니의 모습으로 나타나지 않나?

하지만 토니 에드만의 기괴함은 그런 훈훈한 부성애와 거리가 멀다. 독일 68세대 혁명가인 디터 쿤젤만은

"내 오르가즘에 문제가 있다면 베트남이 무슨 상관"[3]이 겠냐고 물었다. 베트남전쟁에 반대하는 대의에 겨우 오르가즘을 저울질하다니. 그런데 이게 난봉꾼의 헛소리만은 아니다. 배설과 생식, 당장의 욕구만을 아는 동물들은 고도로 합리적인 사회질서를 위협한다. 계산기를 두드리느라 혈안이 된 이네스의 세계를 교란하기 위해 동물적인 토니 에드만이 등장한 것이다. 이네스가 사는 세계에는 오르가즘이 부재한다. 이네스는 애인이자 직장 부하인 보그만을 호텔에서 은밀히 만난다. 그녀도 거기선 사회적 가면을 벗을 테지만, 잘나가는 독일인 상사 이네스에게 열등감이 있는 루마니아인 보그만이 그녀의 독기를 뺏기 위해 섹스를 한다고 말해 달아오르던 분위기에 찬물을 끼얹는다. 기분이 상한 이네스는 "독기를 잃기 싫다."며 섹스를 거부한다. 이네스에게는 가면을 벗고 풀어질 장소가 보이지 않는다.

그 대신 이네스는 보그만이 자위를 해 케이크에 사정하게 하고 약속대로 그 케이크를 삼킨다. 이들의 행동은 언뜻 보기에는 자유로운 성적 일탈 같다. 하지만 에바 일루즈는 구속과 훈육, 지배와 굴복, 사디즘과 마조히즘이 뒤섞인 성적 행위를 일컫는 'BDSMBondage and Discipline,

Sadism and Masochism'조차 규범을 거스르는 일탈이 아니라 현대사회가 지향해 온 합리성의 자연스러운 귀결이라고 진단한다. 어째서 그럴까? 예측할 수 없는 뜨거운 사랑과 쾌락은 일상의 안정을 위협할 수 있다. 이네스와 보그만의 (오르가슴 없는) 차가운 성행위나 합의된 BDSM은 쾌락과 감정, 관계가 적정선을 넘지 않도록 통제한다. 그렇게 안전하게 성을 향유하는 것은 어찌 보면 지극히 합리적이다.[4] 이네스는 친구들과 몰래 마약에 손을 대거나 클럽에서 진탕 취하기도 하는데, 왕년에 껌 좀 씹어 본 토니 에드만은 그들을 지켜보며 이렇게 생각했을 법하다. "너네 진짜 노는 거 맞냐?"

많은 로맨스 영화에서 사랑을 이루는 과정은 아버지(세대)에 대한 부정을 수반했다. 가령 사회 변혁의 기운이 가득하던 1963년 미국을 배경으로 한, 에밀 아돌리노 감독의 영화 〈더티 댄싱〉(1987)에서 댄서 조니(패트릭 스웨이지)와 사랑에 빠진 프랜시스(제니퍼 그레이)가 조니를 싫어하는 아버지에게 이렇게 말한다. "아빠는 세상을 변화시키고 더 나은 세상을 만들라고 하셨지만 그건 변호사나 경제학자가 되거나 하버드 나온 남자와 결혼하라는 뜻이었잖아요." 아버지 세대를 부정한 프랜시스와 조니가 활화산같이 관능적인 춤사위로 뻣뻣한 기성세대를 주눅 들게 하는 반면에 이네스 세대의 차가운 사랑과 일탈은 아버지의 조소를 받는다.

이네스의 생일 파티에 토니 에드만이 털로 뒤덮인 거대한 탈을 쓰고 동물 그 자체가 되어 나타난다. 그 탈은 불가리아에서 악령을 놀래는 데 쓰이는 '쿠케리'다. 근엄하던 이네스 회사의 대표는 그 모습을 보고 "엄마야!"하며 놀라 자빠진다. 오늘날의 세계에 출몰한 유령은 이렇게 말하는 것 같다. "너희들은 재미도 모르고 즐거움도 모르고 일만 하지. 오직 돈밖에 몰라. 내가 유령이라고? 생기 없고 육체도 없는 유령은 바로 너희들이야!"

***

이런 노력에 이네스가 감읍했을까? 생일 파티를 준비하던 이네스가 갑자기 꽉 끼는 드레스와 하이힐을 벗어던지고 나체로 사람들 앞에 선다. 쳇바퀴 같은 일상에서 작은 혁명을 일으킨다. "이건 나체 파티예요. 나체가 아니면 나가 주세요." 이네스와 그녀의 주변인들이 벌거벗은 '동물'이 되자 토니 에드만은 동화 속 개구리 왕자처럼 다시 빈프리트로 돌아온다. 그리고 이네스는 아빠에게 달려가 안긴다. 분명 사랑의 포옹이다. 하지만 이것은 신자유주의 세대의 (새롭게 변화하는) 성찬식이 아니라 68세대에 대한 추도식에 가깝다. 토니 에드만은 이네스와 정유 시설에 방문했을 때 그곳 노동자에게 "유머 감각을 잃지 말라"고 충고한다. "유머를 잃지 말라니. 너무 가혹해요." 그 노동자는 이네스가 추진하는 아웃소싱으로 곧 생업을 잃게 될 터. 이것이 동유럽 국가인 루마니아에 닥친 신자유주의적 변화의 현실이다. 이네스는 자본의 힘에 떠밀려 해고될 사람에게 태연하게 유머를 권하는 아빠를 나무란다. 이네스가 울고, 토니 에드만은 할 말을 잃는다. 그는 실상 한물간 개그맨이다.

　로맨스 영화에서 연인과 가족의 개인적인 사랑은 그들이 살아갈 세상이 꽤 살 만한 곳이라는 낙관으로 이어져야 낭만적인 정서를 자아낼 수 있다. 그런데 이네스가 살아가는 무한 경쟁 사회에서 아버지가 말하는 행복과 유머는 너무 한가한 얘기가 돼 버렸다. 부녀지간의 도발적인 화해와 사랑은 그런 세계에서 어떤 정치적 파문도 일으키지 못한다. 아버지에 대한 애착과 애도가 동시에

도착한다. 사랑을 찾는 것이 진정한 아버지를 찾는 일이라면 이제 로맨스 영화의 앞길은 지난해 보인다.

2부

위기의 로맨스

사랑에 대한 관념은 역사적으로 큰 변화를 겪고 현대의 '낭만적 사랑'으로 귀결되었다. '진짜 사랑'과 '가짜 사랑'의 경계가 '낭만적 사랑'에 이르러 어떻게 사라졌는지, '낭만적 사랑'을 형성하는 요소인 '열정'과 '섹슈얼리티'가 오늘날 왜 그 사랑을 위협하는지, 이런 위기를 해소할 사랑의 형태는 무엇일지 생각해 보자.

6　도시 남녀의 합류적 사랑
：〈해리가 샐리를 만났을 때〉

요즘에는 로맨스 영화가 뜨거운 화제로 등장하는 일이 좀체 없다. 언젠가부터 극장이나 OTT 서비스에서도 인기 있는 로맨스 영화를 찾아보기 어렵다. 혹자는 이를 근거로 로맨스 영화가 고사 상태라고 진단하지만 내 생각에 그건 반만 맞는 얘기다. 장르로서 로맨스는 존재감이 없지만 '로맨틱함'이란 여전히 즐겨 쓰이는 코드다. 단독으로 섭취하진 않지만 어느 요리에든 쓰이는 버터와 비슷하달까? 가령 '로맨틱함'은 시대극이나 누아르 특유의 강렬한 맛에 부드럽고 달달한 풍미를 더한다. 혼합 장르의 한 지분을 차지하는 '로맨스'는 여전히 건재함을 과시한다.

　하지만 정통 로맨스는 그냥 먹는 버터처럼 '느끼하다'는 평가를 받는다. 이제 "널 영원히 사랑해." 같은 기름진 대사는 거부감을 부른다. 그런 태도는 '현대적'이지 못하다. 오늘날 '현대적'인 것은 쿨한 정서와 관련돼 있다. 좋다고 펄쩍펄쩍 뛰거나 슬프다고 꺼이꺼이 울면 안된다. 사람이나 생각의 바다에 떠내려가지 않게 적당한 거리를 유지할 것. 발만 살짝 담근 채 해변을 거닐 듯 사뿐사뿐 경쾌하게. 일루즈는 오늘날 감정이 취하는 이 절묘한 거리감을 '차가운 친밀성Cold Intimacies'(일루즈가 쓴 『감정 자본주의』의 원제다.)이라고 표현한다.

나 같은 로맨스 영화 팬들은 그래서 점점 '샤이 로맨스 팬'이 된다. 이들은 수줍게 취향을 고백하더라도 '샤이 보수', '샤이 진보'와 달리 "좋아하지만 믿지는 않아요."라고 덧붙인다. 영화는 영화일 뿐, 남의 집 앞에서 스케치북 종잇장 넘기며 진 치고 있을 사람은 아니라는 얘기다. 더욱 난감한 쪽은 팬들이 아니라 창작자들이다. 로맨스 영화를 만드는 사람은 딜레마에 빠진다. 관객을 물에 빠트리되 잠기게 하면 안 된다. '차가운 친밀성'이란 말처럼 '차가운 감정의 온도'에서 사랑이 끓어야 한다. 그런데 이 창작의 난점이 관객에게는 흥미를 일으킨다.

로맨틱 코미디의 여제로 불린 노라 에프런(1941~2012)은 〈해리가 샐리를 만났을 때〉(1989, 롭 라이너 연출)의 각본을 쓰고 〈시애틀의 잠 못 이루는 밤〉과 〈유브 갓 메일〉(1998) 등을 연출했다. 얼핏 보면 그녀의 영화는 뜨겁다. 세 작품 모두 와락 키스하거나 애틋하게 바라보는 장면으로 마무리되니까. 그래서인지 그녀의 작품들은 낭만적 환상에 충실한 로맨스의 '전범'으로 인식됐다. 프랑스 요리 연구가 줄리아 차일드(1912~2004)의 삶을 다룬 유작 〈줄리 앤드 줄리아〉(2009)에서 줄리아(메릴 스트리프)의 남편 폴(스탠리 투치)이 이렇게 말한다. "당신은 내 버터이자 인생의 숨이야." 사실 에프런의 영화는 뜨거운 사랑의 찰나보다 차가운 도시의 일상에 더욱 주목했다. 도시인의 허기진 마음을 위해 그녀가 내놓는 영화 레시피는 폴처럼 느끼하지 않고 담백하게 버터(로맨스)를 사용한다.

***

영화 〈사랑은 비를 타고〉(1952)를 연출한 진 켈리와 스탠리 도넌의 뮤지컬 영화 〈춤추는 대뉴욕〉(1949)에서 휴가 나온 해군 병사들은 뉴욕에서 마음에 드는 여자를 놓치기 일쑤다. 놓친 여자를 찾을 수 있지 않겠냐고 묻는 켈리에게 프랭크 시내트러가 이렇게 말한다. "그건 불가능해. 뉴욕 인구는 수백만 명이야. 확률을 생각해 봐." 뉴욕 같은 대도시에서는 지인을 몇 년에 한 번 우연히 마주치기도 쉽지 않을 것이다. 〈해리가 샐리를 만났을 때〉의 해리(빌리 크리스털)와 샐리(메그 라이언)도 처음 만난 이후 10년 동안 뉴욕에서 겨우 두 번 마주쳤을 뿐이다. 이들이 만나고 헤어지는 분기점마다 다양한 노부부의 인터뷰가 등장하는데, 이 부부들 가운데 해리와 샐리처럼 오랜 세월에 걸쳐 우연히 재회하며 인연을 맺은 경우가 많다. 긴 시간을 두고 반복되는 우연은 왠지 모르게 신비로운 필연으로 느껴진다.

사회학자 리처드 세넷은 도시를 프랑스어 '빌ville'과 '시테cité', 두 가지 관점으로 바라보았다. '빌'은 '물리적 장소'로서 도시를, '시테'는 '지각·행동·신념'으로 편집된 '정신적 도시'를 말한다.[1] 오늘날 '빌'로서 대도시는 로맨스(영화)에 걸림돌이 되기는커녕 오히려 우연과 필연이 교차하는 운명적 장소가 될 수도 있다. 문제는 '시테', 즉 정신적 도시다. 바삐 움직이는 익명의 군중 속에서 사랑의 상대를 '지각'하기는 힘들다. 그럴 만한 상대를 찾았다 해도 사랑을 이루기 위한 '행동' 매뉴얼이 있지도 않다. 가장 큰 난점은 '영원하고 유일한' 사랑에 대한 '신넘'이 부재한다는 것이다.

대학을 졸업한 해리와 샐리는 카풀로 함께 뉴욕으로 향하며 처음 만나 영화 〈카사블랑카〉(1942)를 놓고 논쟁을 벌인다. 마이클 커티즈 감독의 〈카사블랑카〉는 제2차 세계대전, 프랑스령 모로코의 항구도시 '카사블랑카'가 배경이다. 체코슬로바키아 레지스탕스 수장 라즐로(폴 헌레이드)와 그의 아내 일사(잉그리드 버그먼)가 나치의 추격을 피해 카사블랑카로 숨어 들어온다. 미국으로 망명하려는 이 부부가 그곳에서 술집을 운영하는 릭(험프리 보가트)에게 도움을 청한다. 일사의 옛 연인으로서 아직 그녀를 뜨겁게 사랑하는 릭은 그녀를 떠나보내기 싫어 갈등하지만, 결국 위험을 무릅쓰고 라즐로 부부의 탈출을 돕는다. 이뤄지지 않아 애틋하고 영원한 이 사랑이 해리와 샐리에게는 큰 감흥을 주지 못한 듯하다.

해리는 릭이 일사를 보내 주었다고 말하고 샐리는 그녀가 떠나길 원했다고 반박한다. 샐리는 속물같이 들릴지 몰라도 술집 주인이랑 결혼해, 남은 생을 카사블랑카에서 보낼 생각은 없다고 말한다. 열정 없는 결혼을 원하냐고 해리가 약 올리자, 샐리는 차라리 체코슬로바키아의 영부인으로 살고 싶다고 쏘아붙인다. 해리도 무슨 대단한 로맨티스트여서 릭을 편들진 않았다. 잊을 수 없는 섹스를 경험하게 해 준 릭 같은 남자를 어떻게 선택하지 않을 수 있냐는 것이다. 그는 샐리를 황홀한 섹스를 해 본 적 없는 여자로 몰아붙이며 이죽댄다. 해리와 샐리는 불쾌한 표정으로 서로의 얼굴에서 고개를 돌린다. 그들은 뉴욕에 도착하자마자 뒤도 안 돌아보고 헤어진다. 5년 후 어느 공항에서 샐리가 연인 조와 함께 있다가 우연히 해리와 마주친다. 그리고 조에게, 5년 전 해리를 만난 날이 자기 인생에서 가장 지루한 시간이었다고 말한다. 〈카사블랑카〉에 대한 해리와 샐리의 반응을 어떻게 해석해야 할까? 속물적인 여자와 섹스를 밝히는 남자가 득시글한 이 도시에 사랑은 없다? 이렇게 논평하는 것은 성급하다.

미셸 공드리 감독의 영화 〈이터널 선샤인〉(2004)의 원제는 '티 없는 마음의 영원한 햇빛Eternal Sunshine of the Spotless Mind'으로, 영국 시인 알렉산더 포프(1688~1744)의 「엘로이즈가 아벨라르에게」에 있는 구절이다. 영화 속 조엘과 클레멘타인이 환기하는 사랑의 영속성은 아벨라르와 엘로이즈의 사랑에 닿아 있다. 당대 최고의 신학자였던 아벨라르(1079~1142)는 스무 살 이상 어린 제자 엘로이즈(?~1164)를 사랑했다가 거세까지 당한다. 엘로이즈가 편지를 통해 아벨라르에게 이렇게 말한다. "나로 하여금 보다 큰 열성으로 하느님께 봉사케 해주세요…. 지금 당신이 나를 하느님의 사랑으로 이끌어 주시는 일은, 과거에 당신이 나를 환락으로 이끌어 가시던 일보다 훨씬 더 값있는 일이 아닙니까!"[2] 아벨라르와 엘로이즈는 수도사와 수녀가 되어 더는 함께할 수 없었지만 종교적 광휘가 그들의 사랑을 영원하게 한다.

중세의 아벨라르와 엘로이즈, 근대의 로미오와 줄리엣 그리고 현대의 릭과 일사. 시대는 다르지만 이들의 '사랑'은 '영원한 햇빛'(이터널 선샤인), 종교적이고 신화적인 영향력과 무관하지 않다. 시야를 밝혀 현실의 지평 너머를 보게 하는 햇살 말이다. 그게 '천국'이든 '사랑의 열락'이든 햇살은 '지금 여기'의 일상보다 숭고한 영토를 보게 했다. 사랑에 대한 헌신은 그 햇살을 내 삶에 들이는 일이었다. 그런데 오늘날 도시에서 신은 침묵하고 신화는 잠들어 있다. 아스팔트의 열기라면 몰라도 그런 햇살을 발견하기는 힘들다. 하지만 사랑이 사라진 건 아니다. 무거운 사랑의 족쇄에서 해방된 것으로 볼 수도 있다. 오늘날 도시에서 자유로운 사랑과 섹스는 넘쳐난다.

샐리는 연인 조와 결혼은 안 하고 동거만 하기로 해 5년 동안 같이 산다. 그녀는 부부가 되고 아이를 가지면 열정이 소진된다고 생각했다. 그런데 어느 날, 아빠가 아이를 목말 태운 채 걷고 있는 부부를 본 샐리가 자기도 모르게 울음을 터트린다. 그녀는 가정을 꾸려 안정적인 사랑을 하고 싶다는 내면의 욕구를 마주한다. 샐리는 결국 조와 이별한다. 그런데 결혼한다고 사랑이 안정되는 건 아니다. 해리는 헬렌과 결혼한다. 하지만 몇 년 뒤 바람난 헬렌이 해리에게 이별을 통보한다. "당신을 사랑한 적 없다."는 말과 함께. 자유로운 성생활을 꿈꾸던 해리는 그 뒤 이 여자 저 여자와 섹스를 이어 간다. 하지만 섹스 뒤에 핑계를 대고 관계에서 빠져나오기 일쑤인 해리의 마음은 황폐하다. 해리와 샐리는 왜 자유로운 사랑과 섹스에 만족하지 못할까?

미지의 영토가 사라지고 '이 세상'이 전부인 상황에서는 '자아실현'이 종교적 구원과 신화적 상상을 대체한다. 사랑의 형식은 "세상 모든 걸 버려도 널 사랑해" 대신 "세상 모든 걸 너에게 줄게"로 변한다. 이것이 바로 '낭만적 사랑'이다. 사회학자 니클라스 루만은 '낭만적 사랑'이란 '열정'과 '섹슈얼리티', '결혼'을 결합시키는 것이라고 말한다.[3] 낭만적 사랑은 아벨라르와 엘로이즈의 경우와 달리 '육체적 쾌락'을 배제하지 않는다. 또 찰나의 섬광 같은 릭과 일사의 관계와 달리 결혼을 통해 열정을 유지하려 애쓴다. 낭만적 사랑은 세계를 벗어나는 게 아니라 세계와 공존해야 한다. 제리(톰 크루즈)와 도로시(러네이 젤위거)가 협력해 스포츠 에이전트의 성공 신화를 만드는, 캐머런 크로 감독의 〈제리 맥과이어〉(1996)가 잘 보여 주듯 낭만적 사랑의 주인공들은 일과 사랑을 모두 성취한다. 해리와 샐리 역시 자유로운 사랑과 섹스를 추구하는 듯하지만 내심으로는 한 사람과의 낭만적 사랑을 꿈꾼다.

문제는 현대에 낭만적 사랑이 구조적으로 불안정하다는 데 있다. '사랑에 빠진다'는 것은 심각한 교통사고와 같다. 트리스탄과 이졸데, 로미오와 줄리엣, 안나 카레니나와 브론스키 등 신화와 문학의 주인공들이 서로 돌진하는 맹목적 사랑은 '죽음'으로 귀결된다. 하지만 현대사회에는 그렇게 강한 충돌을 유발할 수 있는 강력한 엔진(열정)이 희소하다. 보통 충돌해 봐야 2륜 손수레끼리 부딪치는 정도? 게다가 '사랑에 빠지는' 교통사고는 당사자들의 고통과 죽음뿐만 아니라 4중, 5중 추돌을 유발해 도로를 마비시킬 수도 있다. 행복이라는 목적지까지 무사히 도착하는 게 중요한 현대에 '사랑에 빠진다'는 것은 매우 위험하다. 짝을 찾는 일이 과거에는 가문과 친족 사회에 맡겨진 과업이었다면 오늘날에는 온전히 개인의 몫이다. 그런데 강렬한 열정이 잘 생기지 않다 보니 해리와 샐리처럼 우리는 어떤 사람이 내 짝인지 확신하기 어렵다. 서로 상극인 (자유로운 성 문화로) 난잡해지는 성과 (부부간 역할 분담의 어려움으로) 번잡해지는 결혼을 매어 주는 열정이 미미하니, 낭만적 사랑은 수시로 느슨해진다.

해리와 샐리는 우연히 뉴욕의 서점에서 재회하고, 이를 계기로 친구가 된다. 해리는 샐리에 대해 "섹스를 하기 위해 거짓말할 필요가 없는 관계"라고 말한다. 성적 긴장감은 대개 숨 막히는 침묵으로 표현된다. 애틋한 눈빛과 떨리는 손놀림이 말을 대신한다. 로미오와 줄리엣이 서로의 제육볶음 레시피에 관해 장광설을 늘어놓는다는 건 상상이 안 된다. 그런데 해리와 샐리는 때와 장소를 가리지 않고 수다 삼매경을 벌인다. 그들은 내밀한 습관이나 은밀한 성적 판타지까지 공유하는 허물없는 친구가 된다. 하지만 서로의 연인을 보고 은근히 질투하는 걸

보면 이 우정이 의심스럽긴 하다. 어쨌든 사랑의 관점에서 이들 사이의 열정은 미지근하다. 연인으로 삼기엔 확 끌리지 않고 친구로 두기엔 매력적이다. 해리와 샐리가 바로 '썸남썸녀'의 원조가 아닐까?

근데 이 '썸'이 해리를 변화시킨다. 샐리가 옛 애인 조의 결혼 소식에 울먹이며 "왜 나랑은 결혼하기 싫었을까? 내가 까다로워서?" 하고 자기 비하에 빠져든다. 해리는 "까다로운 게 아니라 도발적인 거"라고 말한다. 나이만 먹고 있다는 샐리의 불안에 해리는 아직 충분히 매력적이라며 그녀의 자존감을 북돋아 준다. 여자에게 무신경하고 투박하던 해리가 샐리 때문에 점차 세심한 남자가 되어 간다. 해리와 샐리는 사랑의 바다에 빠지진 않지만 시나브로 서로에게 스며든다. 급기야 분위기에 취해 충동적으로 하룻밤을 보낸다. 그리고 이들은 사랑인지 우정인지 모를 감정에 혼란을 느끼고 멀어진다. 사랑의 실패가 반복되거나 우정이 깨질까 봐 두려웠기 때문이다. 하지만 샐리와 보낸 12년을 반추하던 해리가 무언가 깨달은 듯 그녀가 있는 곳을 향해 전속력으로 내달린다. 해리를 보고 당황한 샐리에게 그가 고백한다. "밖이 21도인데 춥다는 당신을, 샌드위치 주문에도 한 시간 걸리는 당신을, 날 볼 때 미친놈 보듯이 인상 쓰는 당신을, 헤어진 후 내 옷에 배어 있는 향수의 주인인 당신을, 잠들기 전까지 얘기할 수 있는 당신을 사랑해." 이들은 결국 결혼한다.

***

해리와 샐리는 멋들어지게 시가를 비껴 문 〈카사블랑카〉의 험프리 보가트나 천진하고 해맑은 〈로마의 휴일〉(1953)의 오드리 헵번이 아니다. 외로움에 잠을 뒤척이다 전화를 붙잡고 시시한 수다나 떠는 보통의 도시 남녀다. 옛 할리우드 제작자라면 '그런 사람들이 주인공인 로맨스 영화를 누가 보냐'며 작가에게 된통 면박을 줬을 것이다. 사회학자 앤소니 기든스는 사랑에 대해 이제 "'특별한 사람'의 발견이 갖는 가치는 떨어지게 되고 '특별한 관계'의 중요성은 더욱 부각되게 된다."고 말하면서 이것을 '합류적 사랑'이라고 일컫는다. '합류적 사랑'은 두 지류가 합쳐져 하나의 강물이 되듯, 서로 다름을 인정하고 새로운 정체성을 협상해 가는 사랑이다. 합류적 사랑은 "감정적인 기브 앤 테이크"이며 "각자가 상대에게 자기

관심과 욕구를 드러내고 서로에게 민감해질 준비가 되어 있는 정도 만큼 그만큼씩만 발전한다".[4]

이제 강렬한 열정 대신 다정함과 진솔함이 낭만적 사랑의 위기를 해소할 수 있는 열쇠로 제시된다. 해리와 샐리처럼 서로의 감정과 취향을 친밀하게 공유하는 우정은 합류적 사랑의 좋은 기반이 된다. 합류적 사랑에서는 뜨거운 키스가 아니라 상대의 취향이 뭔지, 어떤 것에 예민한지 살피는 일이 로맨틱해진다. 하우스 샐러드에 식초 드레싱을 뿌리고 연어 요리에 겨자 소스를 곁들이는 샐리의 습관을 아는 해리처럼. 에프런은 더는 사랑의 마법에 걸리지 않는 도시 남녀에게 담백한 버터 레시피를 선사한다. 사랑에 허기진 사람들에게, 사랑을 만드는 레시피를.

그런데 합류적 사랑의 방식이 정말 오늘날 사랑의 문제들을 해결할 수 있을까? 일상적인 관심사와 고민 들을 공유하는 것은 분명 관계에 이롭다. 하지만 합류적 사랑이 감정의 '기브앤테이크'고 정체성의 협상이라면, 한쪽이 손해를 본다고 느낄 때 협상이 중단될 수 있다. 행복이라는 목적지를 향한 안전 운행 로맨스는 분명 합리적이다. 하지만 차가 갑자기 멈춰 선다면 정말 낭패다.

7   로맨스 영화의 고전적 규범을 전복하다

: 〈유브 갓 메일〉

바베큐를 좋아하는 남자와 채식주의자인 여자가 사랑할 수 있을까? 한강의 기적을 신봉하는 남자와 한강의 오염을 염려하는 여자는? 로맨스 영화를 만드는 사람은 이런 커플의 이야기를 어떻게 풀어야 할까? 펭귄과 낙타의 애절한 로맨스가 아닌 걸 그나마 다행이라 여길까? 로맨틱 코미디의 원형인 스크루볼 코미디는 남녀 주인공의 이런 극단적 대립 관계를 기본 구조로 삼았다. 노라 에프런은 스크루볼 코미디의 대표작인 에른스트 루비치의 〈모퉁이 가게〉(1940)를 〈유브 갓 메일〉로 리메이크했다. 이 영화에도 커플이 되는 걸 도저히 상상할 수 없는 남자와 여자가 등장한다.

남자의 이름은 조 폭스(톰 행크스). 재벌 3세 경영인쯤 되는 그가 뉴욕 웨스트사이드에 '폭스 문고'라는 대형 서점 체인을 열 계획이다. 그는 폭스 문고의 전기공사부터 책장 하나까지 꼼꼼히 챙긴다. 숨만 쉬고 있어도 돈방석에서 내려올 일 없을 그가 바지런을 떠는 이유가 뭘까? 그의 콩가루 가계를 보면 어느 정도 이해가 된다. 할아버지와 아버지가 난봉꾼인 탓에 그에게는 초등학생쯤 되는 꼬맹이 고모와 동생이 있다. 조는 돈이면 다 된다고 생각하는 속물에다 그의 친모가 누군지도 헷갈려하는 바람둥이 아버지를 은근히 경멸한다. 그러니 아버지 그늘에서 망나니 귀공자로 사느니 자기 사업을 성공시켜 빨리 독립하자는 심산이다. 하지만 그는 "아버지처럼 살기 싫었어!" 하고 외치는 아들이 대개 그러듯, 아버지의 사업 방식을 고스란히 답습한다. '폭스 문고'는 대량 유통과 할인 공세로 유서 깊은 동네 서점들을 몰아내고 웨스트사이드 서점가를 빠르게 장악해 간다.

　　한편 캐슬린(메그 라이언)은 웨스트사이드에서 아동 전문 서점인 '모퉁이 가게'를 운영한다. 모퉁이 가게는 캐슬린의 어머니 세실리아가 무려 42년 전에 연 곳으로, 지금은 돌아가신 어머니 대신 캐슬린이 꾸려 가고 있다. 주인만 대를 잇는 게 아니다. 세실리아가 운영하던 시절에 부모 손을 잡고 오던 이들이 이제 캐슬린의 가게에 아이들의 손을 잡고 들어선다. 세실리아는 아이에게 『빨강

머리 앤』을 권하면서 티슈가 필요할 거라고 귀띔해 주는 따뜻한 주인이었다. 캐슬린도 어머니의 방식을 이어받아 아이들의 이름을 기억하고 불러 주며 살갑게 다가간다. 이렇게 관계를 맺은 단골들 덕분에 40여 년을 버틴 모퉁이 가게에 최대 위기가 닥친다. 건너편에 조의 '폭스 문고'가 들어선 것이다.

서부극 못지않게 살벌한 전운이 감도는 이곳에서 총 대신 말로 혈투가 벌어진다. 캐슬린은 폭스 문고를 올리브유 대신 싼 책을 파는 대형 할인 매장쯤으로 여긴다. 조는 그래 봐야 당신 서점은 하찮은 구멍가게에 불과하다고 받아친다. 두 사람은 최대한 경멸 어린 표정으로 서로를 바라본다. 이들이 사생결단을 낼 거라고 생각하지는 않을 것이다. 로맨틱 코미디에 익숙한 관객은 이들이 결국 서로 좋은 면을 발견하고 사랑하게 된다고 예상할 테니 말이다. 여기까지 보면 〈유브 갓 메일〉이 (프롤로그에서 언급한) 전형적인 캐프라식 스크루볼 코미디 같다.

캐프라가 만든 로맨스의 고전적 규범이란, 좋은 사람을 사랑하게 된다는 것이다. 그의 영화에서 사랑받는 주인공은 대개 물질적이거나 성적인 욕망에 초연하고 도덕적으로 순수하다. 아리스토텔레스가 말한 필리아적 사랑에 가까운 것이다. 철학자 마사 누스바움은 감정에 대한 아리스토텔레스의 견해를 이렇게 설명한다. "선한 사람은 자신에 대해 감정적 완벽함을 요구할 수 있으며 또 반드시 그렇게 해 항상 정확한 사람에게, 정확한 방식으로, 적시에 등등으로 화를 낼 수 있어야 한다."[1] 즉 선한 사람은 우주적 이성의 법칙에 어긋남이 없이 감정을 적확하게 표출해야 하고 충분히 그럴 수 있다. 아리스토텔레스의 철학을 계승한 중세 신학자 토마스 아퀴나스도 이성에 순응하는 의지가 인간의 본성이라고 봤기 때문에 사랑이란 결국 '선한 것'(신)에 대한 사랑으로 귀결된다고 생각했다.[2] 가령 빌리 와일더 감독의 영화 〈아파트 열쇠를 빌려드립니다〉(1960)에서 엘리베이터 안내원인 프랜이 아리스토텔레스의 권고와 달리 "잘못된 남자와 잘못된 장소에서 잘못된 때에 사랑에 빠지는 게 내 특기"라고 말하지만, 그녀가 보험회사 직원 백스터를 진심으로 사랑하게 된 계기는 그가 도덕적으로 각성(자신의 아파트를 회사 상사들의 불륜 장소로 제공하기를 거부하고 회사를 그만둠)해 새사람으로 거듭났기 때문이다.

고전 로맨스 영화(또는 멜로드라마)는 대체로 선악의 갈등 구조, 이를테면 파시즘·언론과 자본의 극단적 상업주의 · 정치적 부패 · 가부장적 규범 같은 것들이 남녀의 사랑을 방해하는 구조를 보였다. 이런 상황에서 연인들이 사랑을 이루는 것은 선을 실현하는 것과 거의 동일했다. 머빈 르로이 감독의 〈애수〉에서 젊은 장교 로이(로버트 테일러)와 순수한 발레리나 마이러(비비안 리)는 첫눈에 반해 뜨겁게 사랑한다. 하지만 마이러는 전쟁(제1차 세계대전)에서 로이가 죽은 줄 알고 자포자기한 데다 생활고 탓에 몸 파는 여자가 된다. 그리고 살아 돌아온 로이와 재회하는데, 순결을 저버렸다는 자책감에 자살하고 만다. 그녀는 자신이 사랑받을 도덕적 자격이 없다는 생각에 괴로워했다. 이것은 로이가 진실을 알면 자신을 사랑할 수 없으리라는 두려움이기도 했다. 〈카사블랑카〉의 릭은 파시스트 세력에 맞서는 담대함으로, 윌리엄 와일러의 〈로마의 휴일〉에서 기자인 조(그레고리 펙)는 특종기사라는 눈앞의 이익 대신 앤 공주(오드리 헵번)를 보호하는 순수함으로 사랑받을 자격을 증명한다. 레오 매커리의 〈잊지 못할 사랑〉(1957)에는 성모마리아상 앞에서 간절히 기도하는 신실한 여성 테리(데버라 커)가 등장하는데, 바람둥이 니키(캐리 그랜트)는 자신이 잊고 있던 도덕적 순수함과 예술에 대한 열정을 상기시켜 주는 그녀를 사랑한다.

***

하지만 에프런의 영화에서 고전 로맨스는 도덕적 덕목과 관계없는 지극히 사적인 차원에서 언급된다. 〈해리가 샐리를 만났을 때〉의 해리는 〈카사블랑카〉 릭의 미덕을 섹스를 끝내주게 잘하는 데서 찾는다. 앞서 언급했듯 〈시애틀의 잠 못 이루는 밤〉의 샘에게 〈잊지 못할 사랑〉 같은 영화를 보는 건, 여자들 눈물이나 짜내는 악취미에 불과하다. 원작 〈모퉁이 가게〉의 주인공 크랄릭(제임스 스튜어트)이 정의를 집행하는(그는 점장으로서 가게 사장의 부인과 바람을 피운 직원을 해고하고 단죄한다.) 남자인 데 반해 〈유브 갓 메일〉의 조는 정의와는 거리가 먼 인물로 보인다. 사랑은 이제 개인적 관계와 감정의 문제일 뿐 공공의 도덕과는 그다지 관련이 없다. 로맨스 영화의 고전적 규범을 따랐다면, 조가 캐슬린을 통해 자신의 탐욕을 자각하고 모퉁이 가게를 도와 골목 상권의 상생에 이바지한다는 식의 이야기가 전개됐을 것이다. 하지만 모퉁이 가게는 폭스 문고 때문에 42년 세월을 뒤로하고 문을 닫는다. 그럼에도 조와 캐슬린은 사랑하는 사이가 된다. 물론 뒷이야기가 있다. 웹에서 'ny152'(조)와 'shopgirl'(캐슬린)이라는 아이디를 쓰는 이들이 서로 정체를 모른 채 수시로 이메일을 주고받으며 내밀한 생각과 관심사를 공유했는데, 'shopgirl'이 누군지 알게 된 조가 캐슬린을 배려하려 애쓰는 과정에서 사랑이 싹튼다. 그래도 이 사랑이 도덕적으로 유의미한 변화를 불러오진 않는다.

에프런은 이런 사랑의 극단적 예시를 든다. 캐슬린 어머니의 친구인 버디가 캐슬린에게 젊은 시절에 자신이 스페인을 통치했던 사람과 사랑에 빠진 적이 있다고 고백한다. 캐슬린의 애인인 프랭크는 그 남자가 스페인의 총통이던 프란시스코 프랑코 같다고 말한다. 프란시스코 프랑코(1892~1975)는 스페인 내전(1936~1939)에서 반군 국민당의 지도자였고 죽을 때까지 스페인의 악명 높은 독재자로 군림했다. 스페인 내전은 전 세계의 수많은 예술가, 지식인, 청년 들이 민주주의를 지키기 위해 참가한 전쟁이다. 조지 오웰은 군인으로서, 어니스트 헤밍웨이는 종군기자로서, 파블로 피카소는 전쟁의 참상을 그림으로 고발하는 화가로서 참전했다. 이들의 반대편에 있던 사람과 사랑에 빠진다는 건 도덕적으로나 정치적으로 용인될 수 없다는 점에서 버디의 사랑은 캐프라식 고전 로맨스를 부정한다. 여기서 드러나는 건 사랑의 극단적 예외성이다. 논리적이거나 도덕적인 차원에서 버디의 사랑을 설명할 순 없다. 정신분석학자 줄리아 크리스테바의 말대로 "사랑을 의식, 인식 그리고 의지에서 벗어나는"[3] 측면에서 봐야만 이해할 수 있다.

프랭크는 파시스트 독재자와 사랑에 빠졌다는 건 도저히 용납할 수 없다고 목소리를 높인다. 정치를 진지하게 생각하지 않는 사람과는 친해질 수 없다는 것이다. 캐슬린은 프랭크의 태도에 도발하듯, 사실 시장 선거 때 매니큐어를 사느라 투표를 안 했다고 고백한다. 프랭크가 마지못해 용서해 준다고 말하는데, 캐슬린이 프랭크의 태도에 분개한다. "뭐? 용서를 해?" 프랭크가 단호한 이유는 그에게 파시스트를 사랑하면 안 된다는 것, 유권자는 투표해야 한다는 것이 칸트가 말한 정언명령에 가깝다는 데 있다. 정언명령은 어떤 예외도 없이 지켜야 하는 도덕법칙이다. 칸트는 보편적인 도덕이 의무에 대한 의지에서 비롯하지 특정한 감정에 따라 발생하는 게 아니라고 봤다. 가령 힘든 사람에 대한 연민이 반드시 있어야 선행을 베푸는 건 아니다. 단지 의무감으로 힘든 사람을 도울 수도 있다. 칸트는 변덕이 심한 정념(감정)은 윤리적 실천의 기반이 될 수 없다고 봤다.[4] 하지만 그런 태도는 개인적인 감정이 자아내는 삶의 복합성을 너무 단순화하여 현상에 대한 경직된 관점을 갖게 할 수도 있다. 에프런이 겨냥하는 것도 감정의 개인성에 무감한 남성적 무지다.

조는 프랜시스 포드 코폴라 감독의 영화 〈대부〉 시리즈를 인생의 교본처럼 생각한다. 이 시리즈의 주인공 마이클(알 파치노)은 조직을 안정적으로 이끌어야 하는 마피아 대부로서 흔들리지 않기 위해 사사로운 감정보다 보편적인 원칙에 기대어 살아간다. 그럴수록 그는 가족이나 연인과의 친밀성을 상실하며 고립돼 간다. 조 역시 사업가로서 승승장구하지만 개인적으로 자신이 뭘 좋아하는지, 뭘 할 때 행복한지는 모른다. 반면에, 캐슬린이 사랑하는 소설 『오만과 편견』의 주인공 엘리자베스는 보편적인 원칙이나 도덕적 의무보다 자신의 감정에 따라 살아간다. 그녀의 판단은 감정의 시소를 타며 들쑥날쑥하지만, 그만큼 삶은 애틋한 관계들 사이에서 생동한다. 조와 캐슬린의 차이는 모퉁이 가게와 폭스 문고의 차이로도 드러난다. 모퉁이 가게가 마을 주민들이 감정의

밀도를 가지고 개인적으로 마주하는 장소라면, 폭스 문고는 다수의 소비자와 판매자가 익명으로 스치는 시장이다. 캐슬린이 서점에서 동화를 구연할 때 카메라는 아이들 한 명 한 명의 초롱초롱한 눈빛을 비춘다. 조는 모퉁이 가게가 문을 닫은 것에 대해 캐슬린에게 "개인감정은 없었다."고 말한다. 그러자 캐슬린은 짜증스레, 서점 일은 자신에게 개인적인 것이었다며 그게 무슨 문제냐고 반박한다.

***

에프런은 왜 헝가리 부다페스트의 작은 상점을 배경으로 한 소소한 동화(루비치 감독의 〈모퉁이 가게〉)를 자본주의와 대도시 풍경이 교차하는 살벌한 우화로 각색했을까? 1990년대 IT산업의 고성장에 힘입은 미국의 '신경제'는 자본의 자유화와 대형화를 가속화했다. 에프런은 이런 사회 변화 속에서 사랑이 어떻게 될지 가늠해 보려 했을 것이다. 신자유주의적 자본주의의 규범은 이제 공과 사를 막론하고 보편적인 정언명령으로 자리매김했다. 그런 사회에서는 『오만과 편견』의 엘리자베스처럼 변덕스러운 감정에 따라 어떤 (윤리적) 판단을 할지 고심할 필요가 없다. 조가 좋아하는 〈대부〉 시리즈의 대사 "개인감정을 가지면 안 돼. 이건 사업이야It's not personal, it's business." 같은 자세로 임하면 모든 게 심플해진다.

에프런은 폭스 문고와 모퉁이 가게, 〈대부〉와 『오만과 편견』의 대비를 통해 신자유주의적 변화가 개인의 감정적인 무능력을 조장한다고 꼬집는다. 하지만 로맨스 장르는 어떻게든 이런 대립 관계를 해소해야 하기 때문에 사랑의 예외성을 동원해 둘을 화해시킨다. 어떤 사회든 조와 캐슬린처럼 개인적인 관계를 형성해 사랑을 이룰 수 있으니 틀린 얘기는 아니다. 어떤 면에서 신자유주의 사회의 도덕적 해방(도덕적 단순함)은 사랑과 연애를 자유롭게 만든다. 해리와 샐리, 조와 캐슬린처럼 소소한 관심사와 취향을 맞춰 가며 얼마든지 사랑할 수 있다. 하지만 〈유브 갓 메일〉의 해피엔딩은 모순적인 봉합으로 느껴진다. 신자유주의 사회는 구조적으로 그런 개인적인 관계의 형성을 어렵게 하기 때문이다.

오늘날 무한 경쟁하는 우리는 대부분의 시간을 노동자(혹은 경쟁 바깥의 잉여)로 살아간다. 타인과는 대체로 생산자와 소비자 같은 추상적인 관계로 마주한다. 개인적인 관계를 쌓아 가는 것은 점점 더 힘들어진다. 그러니 조와 캐슬린처럼 현실에서는 서로를 잔뜩 경계하다 인터넷상에서나 마음속 애기를 털어놓는 것이다. 사회관계망서비스SNS와 데이팅 앱을 통한 연애가 늘어나는 요즘 세태는 이를 반영한다. 신자유주의 시대의 도덕적 해방이 초래한 사랑의 자유는, 사랑에 결부된 윤리적 가치가 희미해졌다는 걸 의미한다. 이제 사랑을 이루기 위해 꼭 필요한 윤리적 가치는 거의 없다. 하지만 그런 윤리적 공백 속에서 '둘의 세계'가 형성되고 유지될 수 있을까? 그때 과연 사랑은 예외적인 게 될 수 있을까?

8 사랑의 코드로 사랑을 창조할 수 있을까

: 〈사랑을 카피하다〉

대학 시절 동아리 MT를 갔을 때가 떠오른다. 달빛 아래 너나들이로 엉겨 붙던 사람들이 아침이 오니 서로 데면데면하다. 무엇이 진실일까? 어색해하는 낮의 얼굴이 그들의 '진짜' 모습인데 밤이 주술을 부렸을까? 어쩌면 '진짜 모습'이란 존재하지 않을지도 모른다. 밤과 달빛, 무수한 만남과 사건 속에 나도 알지 못하는 낯선 내가 돼가는 게 삶이라면 말이다. 그런데 그렇게 '진짜 나'와 '가짜 나'의 경계선이 허물어지는 경험은 흔치 않다. 그 경계가 국경선만큼 확고한 사람들이 많다. 그곳에 담을 세우고 철조망까지 친다. 사회가 정해 놓은 테두리 안에서 나는 '원래 이런 사람'이라고 규정한다. 밤과 달빛 아래서 월담을 시도하던 시절은 아득해진다.

이란 감독 압바스 키아로스타미의 영화 〈사랑을 카피하다〉(2010)에서 프랑스 여성 엘(쥘리에트 비노슈) 역시 그렇다. 이탈리아 토스카나에서 골동품점을 운영하는 엘은 열 살 남짓 된 아들을 홀로 키우느라 매일이 전쟁이다. 영화에서 설명되진 않지만 그녀는 남편과 이혼했거나 사별한 것으로 보인다. 엘은 영국 작가 제임스(윌리엄 쉬멜)의 출판 강연회에 참석하지만, 보채는 아들 때문에 강의에 집중하지 못한다. 어느 날, 강연회를 통해 제임스와 인연이 닿은 엘이 동네를 안내하며 그와 낯선 동행을 시작한다. 그녀는 동네 한편에서 행복하게 결혼식을 치르는 신랑, 신부를 보며 "애 키우는 게 얼마나 힘든지 알면 저렇게 바보같이 웃진 못할 거예요." 하고 냉소한다. 그녀의 삶 지근거리에 낭만이 발을 들일 구석은 없어 보인다.

『인증받은 복제품Certified Copy』(〈사랑을 카피하다〉의 원제)이란 책으로 수필상까지 받은 제임스는 지성미가 물씬 풍기는 중년 남자다. 엘에게 시종 예술과 인생에 관한 철학적인 말을 건네는 그가 "인류는 지구상에서 즐겁게 사는 법을 잊어버린 유일한 종족"이라며 단순하고 즐겁게 살아야 한다고 말한다. 하지만 정작 제임스야말로 단순함과 즐거움을 망각한 사람 같다. 세련된 지성으로 가려졌던, 제임스의 무감하고 피로한 얼굴이 시간이 흐르며 조금씩 드러난다. 레스토랑에서 그는 와인에서 코르크 맛이 난다며 내내 투덜댄다. 적당히 넘어가도 될 일에 한껏 예민해진 그를 보며 엘은 당혹스럽다.

삶이 너무 익숙해 좀처럼 달뜨지 않는 중년 남녀가 거리를 함께 걷는다. 이제 이들은 차분히 대화를 주고받으며 서로를 알아 가리라. 호감이 쌓이면 손을 잡고 키스도 하겠지. 그런데 웬걸, 영화는 예상을 한참 빗나간다. 중반부까지 서로 어색해하던 제임스와 엘이 갑자기 결혼 15년 차 부부로 변한다. 누가 봐도 자연스러운 부부로 말이다. 대체 무슨 일이 벌어졌을까? 이것은 그들만의 연극이다. 그들이 들른 카페의 주인이 제임스를 엘의 남편으로 오해한 것을 기점으로 엘이 그를 남편으로 대하기 시작한다. 제임스도 그녀의 연극에 응해 천연덕스레 남편 행세를 시작한다. 사랑의 속도는 천차만별이다. 계단을 오르듯 조금씩 상승하는 사랑도 있고, 엘리베이터에 탄 듯 재빨리 정점에 도달하는 사랑도 있다. 아무리 그래도 서로 모르던 남녀가 한순간에 부부가 될 수 있을까? 거의 순간 이동 수준인데, 비약이 너무 심하지 않나?

***

니클라스 루만이라면 이런 비약이야말로 사랑의 특성을
잘 보여 준다고 말할 법하다. 수십 년 동안 남남이던 두
사람이 연인이 돼 꽁냥꽁냥 애정 표현을 주고받는 건 자
연스러운가? 그들의 평소 모습을 아는 사람들은 손발이
오그라들 것이다. 그런 사랑이 가능한 것은 그들의 감정
이 그만큼 무르익었기 때문일까? 루만은 반대로 얘기한
다. 사랑의 감정이 쌓여 연인을 만드는 게 아니라 연인이
라는 '관계의 형식'이 사랑의 감정을 불러온다는 것이다.
그는 이 '관계의 형식'을 사랑의 '코드'라고 부른다. 사랑
의 '코드'는 '당신을 사랑해요' 혹은 '우리 사랑하고 있어
요.'(혹은 '당신한테 호감 없어요', '우리 사랑 안 해요')를 확인
시켜 줄 수 있는 기호, 즉 사랑에 관한 말과 행동 그리고
의례 들이다.[1] 이를테면 밸런타인데이에 초콜릿을 주는
것, 커플링을 나눠 끼는 것, 엘과 제임스의 '사랑 연극' 같
은 것이 사랑의 코드다.

　소설과 드라마, 영화는 누구나 사용할 수 있는 사랑
의 코드를 만들어 낸다. 가령 "라면 먹고 갈래?"라는 말
은 (썸으로 가든 망하든) 관계를 단번에 점프(비약)시킨다.

많은 감정이 압축된 이런 코드는 압축 파일이 단번에 풀리듯 고농도의 감정을 두 사람 사이에 풀어놓는다. 루만은 코드를 통해서, 마치 아무것도 없는 곳에 사랑이 '컨트롤 씨 컨트롤 브이' 되듯 사랑의 감정이 생겨날 수 있다고 말한다.[2] 그의 생각대로 정말 사랑은 카피할 수 있는 걸까? 플라톤은 오늘날의 예술, 즉 시·음악·연극·무용 같은 뮤지케Musike를 비판했다. 그것이 진짜 세계인 이데아(진리)를 모방한 현실을 또 모방했기 때문이다. 플라톤이 볼 때 그만큼 예술은 진리에서 멀리 떨어져 있다. 그러니 '사랑의 이데아'(진짜 사랑)라는 관점에서 사랑의 코드, 엘과 제임스의 '연극'은 이데아를 이중 복제한 가짜에 지나지 않을 것이다.

역사적으로 '진짜 사랑'에 대한 관념은 오랫동안 존재했다. 12세기 유럽에서 남프랑스의 음유시인인 트루바두르의 서정시가 유행했는데, 이들은 봉건 제후의 궁정을 찾아다니며 귀부인의 빼어난 아름다움과 고귀한 품성을 찬양했다.[3] 그리고 이것이 중세의 '궁정식 사랑'(코르테지아Cortezia)으로 확립된다. 문화사가 드니 드 루즈몽은 가톨릭교회가 물질과 영혼을 대립시키는 극단적인 이원론 때문에 이단으로 규정한 카타리파와 궁정식 사랑이 밀접한 관계가 있었다고 말한다. 궁정식 사랑은 연인을 통해 숭고한 이상과 영혼의 아름다움을 발견하는 걸진짜 사랑으로 보았다. 육체적 쾌락과 결부된 관계는 가짜 사랑에 불과했다. 사랑은 누구에게나 붙여 넣기 할 수있는 게 아니라 도덕적·종교적인 덕목, 육체와 정신의아름다움을 갖춘 사람에게만 그럴 수 있었다.[4] 즉 중세의사랑은 사적인 감정이라기보다 도덕적이고 종교적인 기획이었다. 17세기 말에 이르러 중세 도덕과 종교의 영향력이 약해지면서 플라톤적인 관념, 지나치게 초월적인사랑의 관념이 쇠퇴했다. 사랑에 따르는 육체적 쾌락도자연스러운 것으로 인식됐다. 하지만 아리스토텔레스적인 관념, 상대가 좋은(선한) 점을 갖고 있어야 사랑할 수있다는 생각은 여전했다.[5]

그런데 18세기 말에 이르러 그런 관념이 흔들리기시작했다. 특히 당시 유행한 낭만주의가 객관적인 기준으로 판단할 수 없는 개인의 고유한 가치를 발견하게 했다. 이때 탄생한 '낭만적 사랑'이 신분, 재력, 도덕, 아름다움을 지녔기 때문에 사랑하는 게 아니라 '사랑하기 때문에 사랑한다'는 관념을 확립했다. 연인의 어떤 점이'좋다, 나쁘다'는 판단이 아니라 그냥 '그 사람'이라는 사실이 중요해졌다. (아리스토텔레스적인) 사랑의 규범은 힘을 잃는다. 사랑 외부의 가치가 아니라 오직 사랑만이 사랑을 정당화할 수 있다. "오빠, 좋은 사람인 거 아는데 사랑하진 않아." 같은 로맨스 영화의 클리셰가 이런 역사적 연원과 닿아 있다. 이제 사랑을 시작하고 지속시키는 것은 오직 두 사람의 과제로 남게 됐다.[6] 사랑의 코드가 세계 한복판에 둘만의 연극 무대를 부여한다. 연극은 배우를 무대 위 '그 사람'이 되게 하고, 배우의 진짜 자아와 배역의 경계가 모호해진다. '연인'이란 배역에 몰입했을 때 '진짜 사랑'과 '사랑 연극'은 구분되지 않는다.

***

제임스는 강연회에서 진짜처럼 인증받은 가짜를 '인증받은 복제품'이라고 말한다. 엘은 토스카나의 한 박물관에서 '인증받은 복제품'의 예를 가리킨다. 거기 걸려 있는 〈폴리힘니아 뮤즈〉는 로마 시대의 그림으로 인식됐지만 실은 18세기에 만들어진 위작이었다. 그런데 이런 사실이 밝혀진 뒤에도 박물관에 전시되고 있다는 것이다. 그들의 '사랑 연극'도 실제 사랑을 갑작스레 재현(복제)한 것이지만 시간이 흐를수록 진짜와 가짜를 구분할 수 없는 지경에 이른다. 뫼비우스의 띠처럼 연극과 실제가 경계 없이 이어진다.

제임스는 몇 년 전 이탈리아의 한 호텔에 묵을 때 창밖으로 보이던 모자母子에 관해 얘기한다. 매일 아침 길을 걷던 이 모자는 나란히 걷지 않고 늘 엄마가 앞서가며 아들이 오는지 뒤늦게 살핀다는 점이 특이했다는 것이다. 이 얘기를 들으며 엘이 눈시울을 붉힌다. 바로 자신의 얘기였기 때문이다. 삶의 속도는 그녀와 보폭을 맞춘 적이 없다. 그녀는 너무 지쳐 있다. 아마도 제임스는 그녀의 깊은 외로움과 공허함을 알아챘기 때문에 '사랑 연극'에 응했을 것이다. 레스토랑에 들어선 엘과 제임스가 서로를 마주 본다. 우리는 이때 카메라를 독대하듯 정면을 바라보는 엘의 얼굴을 자세히 관찰할 수 있다. 그런데 지쳐 보이던 평소 얼굴은 온데간데없이 설렘을 한껏 머금은 미소를 띠고 있다. 이것은 연극일까, 진짜일까? 한 단계 더 나가, 배우 쥘리에트 비노슈는 이때 엘이라는 역을 단지 연기하고 있는 걸까?

플라톤의 관점에서 픽션 영화(극영화)는 다큐멘터리에 비해 이데아에서 멀리 떨어진 복제본, 즉 가짜에 불과할 것이다. 하지만 압바스 키아로스타미는 삶의 진실이란 진짜와 가짜 같은 위계적인 구분 너머에 있는 것이라고 생각했다. 그의 영화 형식은 '시네마 베리테'라고 불린다. '영화 진실'을 뜻하는 시네마 베리테를 철학자 질들뢰즈는 이렇게 정의한다. "이미지와는 독립적으로 존재하는 실재적인 것에 도달하는 것이 아니라, 이미지와 공존하고 그로부터 분리될 수 없는 그 자체로서의 이전과 이후에 도달할 것."[7] 이 장면에서 쥘리에트 비노슈나엘의 진짜 모습, 즉 실재란 영화 속 이미지와 별개로 존재하는 게 아니다. 오직 제임스(카메라)와 마주한 그 시간의 영화적 이미지만이 엘(쥘리에트 비노슈)의 진실이다. 그때 진짜와 가짜, 사실과 허구라는 경계선이 허물어진다. 팍팍하고 무감했던 지난 시간에 평행하는 우주가, 사랑을 갈구하는 한 여인의 시간이 새롭게 열린다.

엘과 제임스는 토스카나를 거니는 긴 여정 끝에 15년 전, 결혼식이 끝나고 첫날밤을 보냈다는 장소에 도달한다. 엘은 필사적인 몸짓으로 사랑의 처음을 소환하려 애쓴다. 그녀는 제임스에게 거듭 묻는다. "그날이 기억나지 않나요? 그날이⋯." 날이 어둑해진다. 이제 그들에게 밤이 찾아온다.

9 열정이라는 재난

: 〈아사코〉

앞서 열정이 부재한 오늘날 사랑의 현실을 돌아봤다. 희소할수록 그 가치는 높아지는 법이다. 그런데 열정은 정말 귀한 손님일까? 혹시 불청객이 되지는 않을까? 하마구치 류스케 감독의 영화 〈아사코〉(2018)의 아사코(가라타 에리카)가 이런 고민의 기로에 선다.

아사코는 고향 오사카에서 바쿠(히가시데 마사히로)를 만나 사랑에 빠진다. 바쿠는 음악다방 DJ 뺨칠 장발에 슬리퍼를 끌고 거리를 활보하는 자유로운 영혼이다. 패션의 완성은 역시 얼굴일까? 훤칠한 키에 꽃미남인 바쿠는 영락없는 동네 백수 차림새라도 빛이 난다. 무심한 그의 걸음은 땅에 발을 붙이지 않은 듯 가볍고 신비롭다. 아사코와 바쿠는 미술관에서 우연히 만나 첫눈에 반한다. 눈빛과 눈빛의 강렬한 마찰을 상징하듯 동네 아이들이 터트린 불꽃이 그들 사이에서 번쩍인다. 짧은 통성명 뒤 긴 키스가 이어지고, '영원한 햇빛'(이터널 선샤인)은 아니지만 불꽃같은 열정이 둘을 뜨겁게 달군다. 얼마 후 오토바이를 타고 가던 아사코와 바쿠가 교통사고를 당하는데, 도로에 널브러진 이들은 오토바이 따위는 안중에도 없이 뜨거운 키스를 나눈다. 사랑이 교통사고와 같다는 은유를 이렇게 직접적으로 표현하는 영화라니.

하지만 바쿠가 갑자기 사라졌다는 아사코의 내레이션을 기점으로 영화가 사뭇 다른 내용으로 이어진다. 2년 후 아사코는 도쿄의 한 카페에서 일한다. 그녀가 커피병 수거차 인근 회사에 갔다가 그곳 직원 료헤이(히가시데 마사히로)와 마주친다. 검은 정장에 단정한 댄디 커트, 료헤이는 누가 봐도 멀끔하고 건실한 남자다. 그를 본 순간 아사코가 얼음처럼 굳는데, 그의 얼굴이 바쿠와 너무 닮았기 때문이다. 아사코는 그가 혹 바쿠가 아닌지, 이러저러한 걸 따져 묻기 시작한다. 료헤이는 영문을 몰라 어안이 벙벙하다. 그는 바쿠와 얼굴만 닮았지, 비슷한 구석이 전혀 없다. 세상 자유로운 바쿠가 성실한 직장인으로 살 리 없지 않은가? 어쨌든 이 우연한 만남이 둘의 마음에 잔잔한 파문으로 번진다.

료헤이는 출근길에 아사코가 일하는 카페 앞을 서성

인다. 아사코도 료헤이에게 관심이 가지만 그에게 마음을 열지는 않는다. 바쿠는 예전에 자신이 사라지더라도 꼭 돌아온다는 말을 남겼다. 그 약속 탓일까? 더욱 본질적인 이유가 있다. 아사코가 룸메이트 마야와 료헤이를 만날 때 커피숍 창에 비친 료헤이의 잔영을 한참 바라보다 이윽고 자리를 박차고 나간다. 플라톤이 현실을 이데아(진리)의 그림자, 이데아를 모방(복제)한 것이라고 표현한 것처럼 아사코는 료헤이가 그저 바쿠의 그림자에 불과하다고 느낀다.

아사코와 마야가 사는 집에 료헤이와 그의 직장 후배인 구시하시가 놀러 온다. 넷은 배우인 마야가 안톤 체호프(1860~1904)의 연극 〈세 자매〉에서 연기한 장면을 텔레비전으로 본다. 세 자매 중 둘째 마샤가 "적어도 인간이라면 신념을 가져야 하지 않을까? 그러지 않고선 삶은 공허할 뿐이야."라고 말하는 대목이다. 이때 구시하시가 돌연 마야의 연기가 어설프다며 그녀의 자질을 깎아내린다. 일순 분위기가 싸해진다. 그러자 아사코가 평소 얌전한 모습과 다르게 단호한 태도로, 자기만의 길을 걷고 있는 마야를 존경한다며 구시하시의 견해를 반박한다. 그제야 구시하시가 예전에 배우였던 자신이 포기한 꿈을 이어 가는 마야에게 질투가 났다고 고백한다. 우리는 구시하시처럼 꿈을 포기하고 현실과 타협하는 것에 열패감을 느끼는 경우가 많다. (현실에 맞서 꿈을 꾸는) 마야를 존경하는 아사코처럼, 현실을 이상(이데아)의 그림자로 인식하기 때문이다. 〈세 자매〉의 대사처럼 이상이 있어야 현실이 공허하지 않다. 이상은 대개 현실보다 거대해 보인다.

전통적인 종교나 정치 이념 같은 초월적인 가치가 약화된 오늘날 우리가 품고 있는 보편적인 이상은 뭘까? 정신분석학자 로버트 A. 존슨은 '사랑의 열정'이 현대사회의 종교가 되었다고 말한다. 우리는 현실의 '그 사람'보다 '그 사람에 대한 열정'을 더 사랑할 때가 많다! "내가 누군가를 위해 초콜릿을 만들고 있다니, 너무 설레." 같은 식이다. 바쿠는 아사코가 꿈꾸던 사랑에 딱 맞는 대상이었고, 아사코는 바쿠와 나눈 '열정적 사랑' 자체를 사랑한다. 그러니 바쿠가 옆에 없어도 아사코는 료헤이를 사랑할 수 없다. 더구나 꿈을 포기한 구시하시처럼 료헤이는 너무 현실적인 인물이라 아사코가 열정을 투영하기에는 적합하지 않다.

그런데 아사코의 관념을 송두리째 허물어 버리는 사건
이 발생한다. 마야가 헨리크 입센(1828~1906)의 연극 〈들
오리〉를 공연하는 날이었다. 료헤이가 객석에서 공연을
기다릴 때 극장이 흔들리며 무대 위 소도구들이 산산조
각 난다. 혼비백산해 극장을 빠져나가는 사람들 사이에
서 〈들오리〉 포스터가 나뒹군다. 우리는 2011년 3월 11일
이라는, 포스터 속 공연 날짜를 통해 무슨 일이 일어났는
지 알 수 있다. 바로 동일본 대지진과 후쿠시마 원전 사
고다. 진도 9.0의 대지진이 대형 쓰나미를 몰고 왔고, 이
때문에 후쿠시마 제1원자력 발전소가 침수돼 방사능이
대량 누출됐다. 이는 1986년 우크라이나의 체르노빌 원
전 사고 이후 다시 벌어진 인류사적 재앙이다. 작가 스베
틀라나 알렉시예비치는 체르노빌 사고로 도래한 현실이
"우리의 지식뿐만 아니라 우리의 관념보다도 더 거대한
것으로 나타났다."고 말한다.[2] 실제로 체르노빌 원전 사
고는 공산주의라는 이상적 관념의 무력함을 드러내며 소
련 공산주의 체제의 해체를 가속화했다. 이와 마찬가지
로 후쿠시마 원전 사고가 드러낸 현실의 거대함은 〈들오

리〉라는 연극, 현실을 초월하려는 예술의 시도를 좌절시
킨다.

〈들오리〉에 등장하는 그레거스는 순수한 이상에 충
실한 인물이다. 하지만 그의 이상으로 한 가족이 파국을
맞는다. 또 다른 인물 렐링은 그레거스에게, 그런 상황에
서는 이상이란 말 대신 거짓이란 말을 쓰라고 얘기한다.
이상은 그 자체로는 아름답지만 그것이 현실을 파괴하
는 지경에 이르면 기만적인 거짓이 돼 버린다. 후쿠시마
원전 사고는 어떤가? 그 거대한 파국은 기술을 통한 번
영이라는 현대 문명의 이상을 단번에 거짓으로 전락시켰
다. 사고는 사람이 발 딛고 선 땅을 살 수 없는 장소로 만
들었다. 현실이 소멸될 위기에서 갖가지 이상적인 관념
은 환상에 불과하다. 아사코가 돌연 반대편에서 걸어오
던 료헤이에게 달려가 안긴다. 료헤이가 살아 있다는 사
실이 고맙다는 듯 그를 꼭 안는다. 아사코는 관념보다 거
대한 현실을 실감한다.

5년 뒤 아사코와 료헤이가 함께 산다. 료헤이는 스튜
를 그릇에 덜고 아사코는 고양이에게 밥을 준다. 어느새
둘 사이에는 편안하고 나른한 공기가 흐른다. 이들은 동
일본 대지진의 피해가 큰 센다이 지역의 유리아게 수산

시장에서 정기적으로 봉사하고 있다. 방사능으로 바다가 오염돼 생계가 곤란해진 어민들을 위해 수산물을 조리해 파는 활동에 나선다. 그러던 어느 날 아사코가 옛 친구 하루요를 통해 바쿠의 소식을 듣는다. 그가 모델과 배우로 활동하며 꽤 유명해졌다는 것이다. 평화로운 일상에서 다시 상기된 바쿠의 존재는 결혼을 앞둔 아사코의 마음을 불안하게 한다. 아니나 다를까 바쿠가 정말 그녀를 찾아온다. 그가 문 앞에 서 "아사코를 데리러 왔다."고 말한다. 화들짝 놀란 아사코는 문을 잠그고 웅크린 채 두려움에 떤다.

***

독일 시인 프리드리히 휠덜린(1770~1843)은 스물여섯 살 때 가정교사로 일하던 집의 안주인 주제테 부인과 사랑에 빠져 그녀에게 '디오티마'라는 애칭을 붙여 준다. 디오티마는 플라톤의 대화편 『향연』에서 '에로스', 즉 하늘에 닿을 듯한 지고의 사랑을 소크라테스에게 가르친 여성이다. 또한 중세 음유시인들이 숭고한 사랑을 바친 궁정 귀부인의 원형이기도 하다.[3] 과거 아사코를 떠난 바쿠는 밤하늘의 오로라를 보기 위한 여행에 나섰다. 아사코에게 바쿠는 디오티마같이 하늘을 상기시키는 존재다. 주제테 부인은 휠덜린에게 이런 편지를 남긴다. "지고의 사랑을 향한 우리의 열망은 이 지상에서는 충족될 수 없을 것만 같군요!"[4] 열기구처럼 하늘로 오르는 뜨거운 열정은 지상의 평온한 삶을 무의미한 것으로 만든다. '초월적인 장소'(하늘)가 부재한 오늘날, 그런 열정은 땅에 발붙이고 사는 사람들에게 재난처럼 다가온다. 후쿠시마 원전 사고는 사람이 살 수 없는 땅을 만들었으며 보이지 않는 방사능이 언제든 일상을 파괴할 수 있다는 공포를 불러일으켰다. 이런 재난의 여진처럼, 바쿠로 표상되는 열정의 관념이 아사코의 일상을 위협한다.

아사코와 료헤이, 마야와 구시하시 그리고 하루요가 한자리에 모인다. 결혼을 앞둔 아사코와 료헤이를 축하하는 식사 자리다. 그런데 화면 한편에서 바쿠가 불쑥 나타나 그들에게 성큼 다가간다. 그리고 아사코에게 함께 떠나자며 손을 건넨다. 그는 과거에 아사코에게 꼭 다시 찾아온다고 말했다. 충족되지 못한 열정과 이상은 망각될지언정 반드시 일상을 비집고 돌아온다. 미완의 열정이 나에게 "무료한 일상"에서 벗어나자고 손을 내민다.

놀랍게도 아사코는 바쿠가 내민 손을 잡는다. 두 사람이 멀리 달아난다. 아사코는 어째서 그렇게 행동했을까?

하루요는 료헤이에 대한 고마운 마음이 사랑은 아니라며 아사코의 행동을 이해할 수 있다고 말한다. 아사코는 원전 재난 지역에서 봉사한 것에 대해 "그저 잘못되지 않은 일을 하고 싶었을 뿐"이라고 말한다. 우리가 현실에서 도덕적 의무를 다한다는 것이 그 현실을 사랑한다는 뜻은 아니다. 재난 전의 세계, 완전한 세계가 가능하다고 믿는 한 현실은 그저 임시 거처일 뿐이다. 칸트는 특정한 감정이 수반되지 않아도 의무에 대한 의지를 통해 보편적인 도덕이 확립될 수 있다고 봤지만,[5] 아사코가 료헤이를 저버릴 때 그 도덕은 무력하다. 둘은 밤새 차를 타고 센다이 지역의 방파제 근처에 도착한다.

그런데 잠에서 깬 아사코가 돌연 료헤이에게 돌아가겠다고 말한다. 바쿠가 료헤이가 아니라는 걸 알게 됐다는 것이다. 이 정도면 참 변덕도 유별나다 싶을 것이다. 하지만 그녀의 행동은 충동적인 것이 아니다. 바쿠와 마주하고서야 아사코는 자신이 료헤이를 사랑하고 있음을 깨닫는다. 〈들오리〉의 그레거스처럼 아사코는 자신의 이상(바쿠)이 현실이 아닌 환상(거짓)임을, 이상 때문에 파괴된 현실(료헤이)만이 자신의 삶임을 비로소 알게 된다.

바쿠와 헤어진 아사코가 방파제 위에서 재난으로 오염된 바다를 한참 바라본다. 과거의 아사코에게 그 바다가 단지 불완전하고 고통스러운 현실이었다면 이제 조금씩 사랑하고 싶은 것이다. 아사코의 어리석은 선택으로 료헤이는 회복하기 힘들 만큼 상처를 입는다. 그런데 어쩌면 아사코가 료헤이에게 돌아가기 위해 바쿠의 손을 잡았는지도 모른다. 땅끝(바다)까지 가 봐야만 돌아서 땅에 발을 디딜 수 있는 삶의 아이러니 너머에 아사코의 사랑이 있다.

10 성적 환상이 낭만적 사랑과 공존할 수 있을까
: 〈체실 비치에서〉

1962년 영국, 싱그러운 남녀 한 쌍이 밀물 때 발목이 간신히 잠길까 싶게 잔잔한 해변을 걷고 있다. 플로렌스(시어셔 로넌)와 에드워드(빌리 하울), 이제 막 결혼해 신혼여행지인 체실 비치를 찾아온 부부다. 자갈밭을 걷고 있는 이 연인의 사랑은 바다에 풍덩 빠져 알 수 없는 곳으로 휩쓸려 가는 것과는 거리가 멀었다. 이들이 갈 곳은 명확했다. 신혼여행에서 돌아가면 에드워드는 플로렌스의 아버지가 소유한 전기회사의 사원으로 일하며 차근히 경영자의 길을 밟아 가리라. 플로렌스의 경우 집에서는 사랑하는 남편에게 충실한 아내로, 밖에서는 자신이 이끄는 현악 4중주단의 바이올린 연주자로 살아갈 터다. 현대의 낭만적 사랑, 플로렌스와 에드워드 세대의 사랑은 그들 앞에 쭉 펼쳐진 자갈길, '행복'이라는 소실점을 향한 길을 걷는 것이다. 영국 작가 이언 매큐언의 동명 소설을 원작으로 한, 도미닉 쿡 감독의 영화 〈체실 비치에서〉 (2017)(이언 매큐언은 영화의 각본도 직접 썼다.)는 이렇게 연인 한 쌍을 담은 시대의 풍경화처럼 시작된다.

그런데 이 연인의 면면을 돌아보면 두 사람이 왜 서로에게서 눈을 떼지 못하는지 고개를 갸우뚱할지도 모르겠다. 스물세 살 동갑내기인 에드워드와 플로렌스는 선남선녀라고 하기에는 수수한 편이다. 하지만 '누가 봐도' 빼어난 외모나 매력을 선망하는 것은 낭만적인 축에 들 수 없다. '누가 볼 수 없는' 것을 연인만이 알아볼 때 진정 낭만적이다. 이것은 좋고 나쁨의 객관적 기준을 넘어 연인의 것이라 마냥 사랑스러운 특성이다. 에드워드는 자신이 좋아하는 로큰롤에 무관심한 플로렌스에게 "당신은 서양 문명을 통틀어 가장 고지식한 사람"이라고 말한다. 그래도 사랑하냐고 묻는 플로렌스에게 에드워드는 그러니까 사랑한다고 답한다. 플로렌스의 동생이 왜 에드워드를 사랑하냐고 물었을 때 그녀 역시, 그가 양말도 맞춰 신을 줄 모르고 크루아상이랑 바게트도 구분할 줄 몰라서 사랑한다고 말한다. 플로렌스의 어머니가 에드워드를 "촌뜨기"로 여기게 한 습벽들인데 말이다.

***

　더없이 행복해 보이는 이 연인의 속내에는 돌덩이 같은 고민이 자리하고 있었다. 바로 첫날밤에 대한 걱정이다. 에드워드와 플로렌스 모두 성경험이 전무했다. 〈해리가 샐리를 만났을 때〉에서 근대에 출현한 낭만적 사랑의 세 요소가 열정, 섹슈얼리티(성) 그리고 결혼(지속성)임을 살펴보았다. 사랑의 열정이나 결혼의 의례에 관해서라면 에드워드와 플로렌스도 온갖 문학작품과 부모 세대의 훈육, 자신의 경험을 통해 꽤 많은 걸 알고 있었다. 하지만 '성'은 달랐다. 빅토리아 시대(영국의 빅토리아여왕이 다스리던 1837~1901년)의 보수적인 성도덕이 그대로 있던 1960년대 초에 성에 관한 얘기를 공적 자리에서 나눈다는 건 상상하기 힘들었다. 에드워드와 플로렌스 역시 성에 관해서는 부모나 학교로부터 어떤 교육도 받지 못했다. 그러니 플로렌스가 낭만적 사랑의 교본 같은 책을 읽다가 남자의 성기를 여자에게 삽입하는 섹스 과정을 접하고 화들짝 놀란 것도 이상하지 않다.

　물론 밤거리, 클럽과 펍, 극장에서 플로렌스와 에드워드 세대의 청년 문화는 전혀 다른 양상을 띠고 있었다.

가령 플로렌스와 에드워드가 수줍게 상대를 탐색하는 음습한 극장은 서로의 몸을 탐닉하는 연인들로 가득하다. 플로렌스가 에드워드를 집에 초대했다고 할 때 그녀의 동생은 그가 혹시 비트족 아니냐며 깐죽댄다. 그녀의 아버지 역시 에드워드가 수염을 기른 채 샌들을 신고 다니는 한량은 아닌지 캐묻는다. 1950년대에 앨런 긴즈버그, 잭 케루악, 윌리엄 버로스, 루시엔 카, 닐 캐시디 등 아웃사이더 기질이 있는 미국 젊은이들로부터 형성된 비트 세대는 기성세대의 보수적 질서와 물질주의적 가치관을 거부하고 마약, 섹스, 예술을 통한 정신적 각성과 해방을 추구했다. 비트 세대를 대표하는 작품 『길 위에서』(1957)는 뚜렷한 목적지 없이 3년간 미국과 멕시코 등지를 떠돈 케루악의 자전적 소설이다. 이 작품 속 청춘들의 여정은 마약이 주는 환각과 온갖 성적 기행으로 점철돼 있다. 완전한 자유와 성적 해방을 갈망하던 이들의 목소리가 1960년대의 히피 문화와 68혁명에도 영향을 미친다.

비트 세대의 성적 환상은 첫날밤을 기다리던 에드워드의 머릿속에도 머물렀다. 이언 매큐언은 소설에서 그것을 이렇게 표현한다. "그가 원하는 모든 것, 그가 생각할 수 있는 모든 것은 오직 플로렌스와 함께 옆방 침대

시트 위에서든 속에서든 벌거벗고 누워 종교적 황홀경처럼, 아니 차라리 죽음처럼 일상과는 동떨어진 그 멋진 경험을 맞이하는 것이었다." 에드워드는 또 "꼭 부둥켜안은 그들이 무중력 상태처럼 둥실 떠올라 서로의 몸을" 가지는 것을 상상한다.[1] '성'을 육체적 쾌락이나 생리적 차원에서만 바라보는 경우가 많다. 그런데 '성'은 정신적인 사랑을 일컫는 (플라톤의) '에로스'와 연관이 깊다. 프로이트는 사랑의 개념에 관해 정신분석이 새롭게 창조한 것은 없다며, 자신이 말한 '리비도'(성적 에너지)가 바로 플라톤의 '에로스'라고 얘기한다.[2]

플라톤은 『파이드로스』에서 이성을 마부에, 의지를 좋은 말에, 욕망을 나쁜 말에 비유한다. 마부는 의지와 욕망이라는 말 두 마리가 매인, 영혼이라는 마차를 끈다.[3] 마부(이성)는 나쁜 말(욕망)을 조련해 좋은 말(의지)이 마차를 이끌게 한다. 이때 말들은 날갯짓을 하여 상승한다. 영혼이 하늘처럼 높은 곳으로 떠올라 숭고한 선과 미에 도달하는 것이다.[4] 그런데 그것은 이성의 독자적인 힘으로 달성될 수 없다. 여기서 역설이 발생한다. 열기구가 하늘로 오르기 위해서는 열이 필요하다. 이와 마찬가지로 진리에 도달하려는 이성이 일상을 초월하여 날기 위해서는 성적인 욕망이나 분별없는 열정 같은, 뜨거운 정념의 조력을 받아야 한다.[5] 물론 정념은 점차 정화되고 에로스는 정신적인 사랑으로 승화한다. 이때 성적 욕망이 이성의 안내를 받아 관념적인 차원으로 상승한다. 그 과정에서 생기는 강렬한 성적 환상은 고도의 정신적 산물이다. 난봉꾼의 대명사인 18세기 이탈리아의 작가 카사노바나 프랑스의 사도 후작이 당대의 내로라하는 지성인이라는 것이 이런 이치와 닿아 있다. 실제로 사드는 성적 환상을 통해 범상한 현실을 초월하고자 했다.

에드워드 역시 성적 환상에 휩싸여 첫날밤을 고대하고 있었지만 한편으로는 깊은 불안에 잠겼다. 숫총각인 그는 침대에서 서툰 모습을 보여 플로렌스를 실망시킬까 봐 걱정이었다. 더구나 어머니가 뇌를 다친 사고 이후 생겨난 막연한 두려움이 엄습해 불안을 증폭했다. 플로렌스는 더욱 심각한 상황에 있었다. 그녀는 어린 시절 아버지에게 당한 추행 때문에 육체관계에 혐오감이 생겼는데, 이런 사정을 에드워드에게 털어놓지 못해서 몹시 초조했다. 그토록 서로 사랑하는데 단 하룻밤의 일이 무슨 지장을 초래할까? 두 사람은 저마다 막연한 희망을 품고 무방비로 침대 위 시간을 맞이한다. 상황이 정말 얄궂게

흘러간다. 에드워드가 긴장감에 허둥대다 플로렌스의 허벅지에 사정을 하고 마는데, 플로렌스의 트라우마가 그녀도 통제할 수 없는 방향으로 분출된다. 그녀는 동물이 된 것 같은 불쾌함에 비명을 지르며 방을 뛰쳐나가고, 에드워드는 자신이 서툴러 무시당했다는 생각에 극도의 모멸감을 느꼈다. 플로렌스 역시 트라우마를 극복하지 못할 것 같아 절망적이다.

***

어스름한 저녁의 체실 비치에서 에드워드와 플로렌스가 말없이 대치한다. 고심하던 플로렌스가 한 가지를 제안한다. "근데 당신도 눈치챘겠지만 난 섹스에 완전히 구제불능이야. 남들이나 당신처럼 그게 필요한 사람도 아니야. 당신이 원한다면 그런 일이 생기더라도 난 질투 안 해. 그냥 평생 당신과 살고 싶을 뿐이야." 에드워드는 기가 막혀 격분한다. "그게 무슨 소리야? 딴 여자랑 자도 괜찮단 말이야? 우리 오늘 결혼한 사람들이야! 대체 얼마나 순진하고 멍청하기에 그런 역겨운 소리를 하는 거야!" 에드워드는 플로렌스를 남겨두고 체실 비치를 떠난다. 상상이나 할 수 있었을까? 서로를 각별히 사랑하던 연인이 결혼식을 마친 지 여섯 시간 만에 남남이 되리라는 것을.

에드워드의 선택은 일견 충동적인 것 같다. 하지만 '낭만적 사랑'에서 '성'이 차지하는 결정적인 비중을 생각하면 그의 선택을 납득할 수 없는 것도 아니다. 에드워드 세대는 그 뒤 68혁명을 주도하며 '성'을 사랑에서 절대적인 것으로 만들었다. 그것은 단지 방종한 욕망이 아니었다. 가령, 68혁명 당시 베를린의 공동체 코뮌1은 소유욕과 집착에서 자유로운 사랑과 섹스를 지향했다. 코뮌1의 일원들은 공동 주거 아파트에서 온갖 종류의 성적 관계를 실험했다. 그들은 그런 새로운 관계 양식을 통해, 권력과 자본의 위계에서 벗어난 평등한 공동체를 만들 수 있다고 믿었다.[6] 에드워드도 그런 자유의 시대를 만끽하며 살아간다. 수줍고 조심스러운 연애를 위선적인 유물로 만들어 버린, 로큰롤과 프리섹스가 넘실대는 시대를.

하지만 세월이 흐를수록 에드워드는 플로렌스를 떠올린다. 그녀의 존재감이 점점 커진다. 소설과 달리 영화에서는 간접적으로 드러나는데, 에드워드는 숱한 연애를 즐기며 안락하게 살면서도 사랑이라고 할 만한 감정을 느끼지 못한다. 이런 모습은 비단 에드워드만이 아니라 자유와 욕망의 과잉 속에서 공허함을 느끼는 수많은 사람들의 자화상일 것이다.

금욕적 진리를 사랑하는 플라톤적 에로스와 달리 68 혁명의 '정치적 에로스'는 인간이 본능에 충실해 성적인 자유를 마음껏 누리는 사회를 추구했다. 그런데 성적 본능을 해방하면 인간이 정말 행복해질까? 문명화된 우리가 돌아갈 수 있는 위대한 자연이 진짜 있긴 할까? 우리에게 남은 게 성적 본능이 아니라 실은 유사 에로스라면, 에드워드에게 그랬듯 성 해방은 자연스러운 욕구를 넘어 지나치게 부풀린 성적 환상이 낭만적 사랑을 파괴하는 결과로 나타나지 않을까? 현대인이 과도하게 성에 탐닉하거나 성적인 강박에 휩싸여 괴로워하며 연인과 갈등을 겪는 것처럼 말이다.

'영원한 햇빛'(종교적 진리)에도 '위대한 자연'(육체적 본능)에도 의탁할 수 없는 현대의 사랑은 어디서 돌파구를 찾을 수 있을까? 세월이 흐를수록 에드워드는 플로렌스의 제안에 담긴 의미를 곱씹게 된다. 그녀의 제안은 얼핏 생각하면 소유와 집착에서 벗어나 사랑하고 섹스하자는 성 해방의 이상과 비슷하다. 〈토니 에드만〉에서 보듯 오늘날 그 이상은 쾌락은 최대화하고 책임은 최소화하는 쿨하고 영리한 사랑 방식으로 계승되었다. 그에 비해 그녀의 제안은 얼마나 어리석은가? 쾌락 없이 무한한 책임만 지겠다니! 그렇다고 그녀의 사랑을 희생적으로만 볼 건 아니다. 정신이 온전치 않은 에드워드의 어머니를 활짝 웃게 하던 플로렌스는, 다른 누구도 아닌 에드워드였기에 그의 그늘마저 행복하게 품었다. 최후의 설득이 무위로 끝난 뒤, 체실 비치에 망연히 서 있던 한 여인의 얼굴은 우리에게 사랑이란 무엇인지 묻는다.

11 오직 '너'를 향한 사랑

: 〈모드 집에서의 하룻밤〉, 〈겨울 이야기〉

프랑스 감독 에리크 로메르의 영화 〈모드 집에서의 하룻밤〉(1969)과 〈겨울 이야기〉(1992)에는 인간에 대한 우리의 통념을 깨트리는 이야기가 등장한다. 〈모드 집에서의 하룻밤〉에서 30대 중반의 엔지니어 루이(장 루이 트랭티냥)는 아주 매력적인 여성 모드(프랑수아즈 파비앙)의 집에서 하룻밤을 보내지만 그녀의 노골적인 유혹을 뿌리친다. 〈겨울 이야기〉에서 펠리시(샤를로트 베리)는 여름 휴양지에서 사랑을 나눈 샤를(프레데리크 반 덴 드리슈)을 잊지 못해 찾을 길 없는 그를 기다리기로 결심한다. 로메르는 신기술의 개발이나 정치사적 변화만큼 이런 내면적 사건이 우리에게 중대한 의미가 있다고 보는 것 같다. 이런 선택은 인간이 응당 따르리라 예상되는 성적 본능과 이해관계를 거스르기 때문이다. 짐작건대 그들은 사랑하고 있을 것이다. 하지만 이런 설명은 동어반복이다. 로메르의 영화는 우리가 사랑이라 이름 붙인 그것을 낯설고 기이한 사건으로 바라본다.

루이가 모드의 유혹을 뿌리친 것은 사실 성당에서 몇 번 마주친 프랑수아즈(마리 크리스틴 바로)라는 단아한 여성 때문이다. 그는 프랑수아즈에게 강렬한 끌림을 느낀다. 동네 서점에서 프랑스 근대 철학자 파스칼(1623~1662)의 『팡세』를 읽다가 한 구절에 그의 눈길이 머문다. "그것은 이미 믿고 있듯이 모든 것을 행하는 것이다…. 그렇게 하면 당신의 커다란 장애인 정념은 감소될 것이다."[1] 파스칼은 이 책에서 이성을 통해 신에 관한 증거를 찾는 것의 한계를 지적한다. 그는 신앙에 관한 이성적 탐구를 경시하진 않지만 믿음이 합리성 너머에 있음을 강조한다.

루이 역시 프랑수아즈가 자신의 여자라고 "이미 믿고 있듯이" 행동한다. 심지어 그녀가 미래의 아내가 될 거라고 확신하기까지 한다. 과대망상을 품었다고 하기엔 그는 점잖고 합리적인 사람이다. 어쩌면 루이의 사랑은 파스칼이 말한 신앙의 일종 아닐까? 이런 의심이 몇 가지 정황으로 짙어진다. 그는 다른 곳이 아닌 성당에서 프랑수아즈를 만났다. 그녀는 독실한 가톨릭 신자인 루이가 평소에 그리던 배우자상에 딱 들어맞는 듯하다. 순결해 보이는 참한 인상에 신실한 가톨릭 신자 같으니 말이다. 루이가 신앙적 믿음을 통해 파스칼의 말대로 모드의 유혹 같은 삶의 장애물인 정욕을 넘어서려 했다면 루이의 사랑이란 실상 프랑수아즈에게 그의 신앙적 이상을 투영했을 뿐이다.

　　루이가 친구 비달과 모드의 집을 찾는다. 이혼한 싱글맘인 의사 모드는 매혹적인 미모를 지녔다. 셋은 모드의 서재에 꽂혀 있는『팡세』를 보고 파스칼에 관한 대화를 나눈다. 루이가 파스칼이 얀센주의자였다고 말하는데, 얀센주의는 중세 신학자인 아우구스티누스(354~430)의 사상을 극단화한 신앙이다. 물질과 영혼을 엄격하게 구분하는 고대의 영지주의와 신플라톤주의의 영향을 받은 아우구스티누스는 죄에 물들어 있는 인간의 의지는 헛되며 오직 신의 은총만이 구원을 가져다준다고 주장했다. 얀센주의가 정신과 육체, 영과 물질, 은총과 의지의 엄격한 이분법을 고수한 만큼 파스칼은 세속적인 것을 비판하고 영적인 것을 숭배했다. 그의 누이 질베르에 따르면, 파스칼은 자신이 먹고 마시는 음식에 대해 무심했으며 종교적인 관점에서 결혼도 저급하다고 여겼다.

폭설이 내리는 바람에 루이가 어쩔 수 없이 모드의 집에 남는다. 처음부터 모드가 루이를 어떻게 해 보겠다고 작정하지는 않았다. 셋이 대화할 때 비달은 만약 여행지에서 매력적인 여자가 유혹하면 루이가 분명 넘어갈 거라고 말한다. 루이는 단호하게 그럴 일은 없다고 반박한다. 그동안 여자들을 사귀긴 했지만 한 번도 잠자리를 같이한 적은 없다는 것이다. 루이의 도덕적 확신이 모드의 흥미와 승부욕을 자극한다. 그의 금욕적 태도가 정말 신앙에 입각한 것인지 아니면 그저 체면 때문인지 알고 싶었기 때문이다. 둘만 남게 됐을 때 모드가 루이에게 적극적으로 다가간다. 하지만 루이는 모드를 한사코 밀어낸다. 루이의 행동은 신앙과 위선 중 어디에서 비롯했을까?

***

루이가 한 행동의 근원에 대한 질문은 신의 존재 여부를 묻는 '파스칼의 내기'를 떠올리게 한다. 파스칼은 신이 있을 확률이 0만 아니라면 신을 믿을 때의 기댓값은 '무한대'(천국)이며 신을 믿지 않을 때의 기댓값은 '마이너스 무한대'(지옥)가 되기 때문에 신을 믿는 것이 수학적으로 합리적이라고 했다. 비달은 파스칼의 내기란 결국 '불확실하지만 무한한 것'과 '확실하지만 유한한 것' 사이의 선택이라고 말한다. 이것은 루이가 처한 상황과 유사하다. 성사 여부가 불확실하지만 신앙적인 경건함으로 그에게 무한한 기쁨을 줄 프랑수아즈와의 사랑이냐 아니면 당장 확실한 육체적 쾌락을 줄 모드와의 동침이냐 하는 선택 말이다. 프랑수아즈와의 사랑은 이룰 확률이 희박해도 그 사랑에 대한 믿음은 루이가 건실하게 살아가는 데 도움을 주기에, 그는 이것을 택할 것이다.

〈겨울 이야기〉의 펠리시도 '파스칼의 내기'와 같은 상황에 처한다. 펠리시와 샤를은 휴양지의 해변에서 처음 만났다. 비록 일주일이라는 짧은 시간이지만 그들은 뜨겁게 사랑했는데, 펠리시가 실수로 주소를 잘못 알려주는 바람에 서로 찾을 수 없게 된다. 허망하고 어이없는 이별이다. 5년이 흐른다. 파리에 사는 펠리시의 곁에 샤를과의 사이에서 낳은 딸 엘리스 그리고 그녀에게 구애하는 두 남자, 로이크와 막상스가 있다. 여전히 샤를을 사랑하지만 그를 찾을 확률이 희박하다는 걸 아는 펠리시는 두 남자 중 한 명을 선택해 새로 시작하기로 결심한다. 도서관 사서인 로이크는 지적이며 다정하고, 미용사인 막상스는 투박하지만 남자답고 생활력이 강하다. 펠리시는 막상스를 선택한다. 샤를만큼은 아니지만 같이 살 만한 남자로서 막상스를 사랑한다고 생각했기 때문이다. 펠리시는 막상스와 파리를 떠나 그의 새 미용실이 있는 느베르로 향한다.

그런데 그곳에서 펠리시에게 신비로운 일이 일어난다. 엘리스가 아기 예수를 보고 싶다고 떼를 써서 간 성당에서 묵상 중인 펠리시에게 어떤 확신이 찾아온다. 펠리시는 자신이 생각을 한 게 아니라 생각을 봤다고 말한다. 일종의 계시일까? 펠리시가 갑작스레 막상스에게 이별을 통보하고 파리로 돌아간다. 샤를을 끝까지 기다리기로 한 것이다. 로이크는 펠리시의 선택이 파스칼의 내기와 같다고 말한다. 신의 존재에 내기를 건 파스칼처럼 펠리시가 샤를에게 인생을 걸었다는 것이다. 확률이 희박해도 샤를을 만난다면 그 기쁨이 무한할 터라 그녀가 그런 선택을 내렸다는 것이다.

〈모드 집에서의 하룻밤〉의 루이와 〈겨울 이야기〉의 펠리시는 정말 파스칼의 내기를 걸었을까? 정신분석학자 줄리아 크리스테바도 파스칼의 내기와 같은 사랑의

142

속성을 말한다. 사랑이 본질적으로 '나르시시즘'과 '이상화'라는 두 극점을 이리저리 오간다는 것이다. 즉 사랑은 자기만족을 위한 것이거나 자신이 추구하는 이상을 연인에게 투영하는 일이다. '소유하고 싶은 대상'(나르시시즘)이 '닮고 싶은 것'(이상화)을 갖고 있을 때 '나르시시즘'과 '이상화'는 하나가 되어 사랑은 균형을 이룬다.[2] 가령 〈토니 에드만〉의 이네스에게 전자는 존재하지만 후자는 부재하기에 그녀의 사랑은 머물 곳을 찾지 못한다.

***

그런데 루이와 펠리시의 사랑은 이런 설명에 잘 들어맞지 않는다. 모드는 루이가 신앙에 얽매이기 때문에 자신을 거부한다고 생각하지만, 루이는 자신이 파스칼과 같은 얀센주의자가 아니라고 항변한다. 그가 모드의 유혹에 응하지 않은 것은 도덕적 의무감 때문이 아니라는 것이다. 루이는 모드를 거부한 게 아니라 프랑수아즈를 택했다. 달리 말해, 그는 모드의 유혹을 뿌리치는 선택이 옳을 뿐만 아니라 좋다고 느꼈다. 고대 그리스에서 '선'은 옳은 것이자 좋은 것이었다. 좋다는 것은 그걸 행할 때 행복하다는 뜻이다. 오늘날 우리는 행복을 공리나 쾌락 같은 것으로 여긴다. 하지만 아리스토텔레스에 따르면, 어떤 대상이 나에게 이득이나 즐거움을 주지 않아도 그것 자체가 좋기 때문에 행복(그리스어 에우다이모니아)할 수 있다.[3]

법 없이도 살 만큼 선량한 사람이 암에 걸렸다는 소식은 우리를 우울하게 한다. 왜 그런 불행이 닥치는지, 하늘이 원망스럽다. 이와 반대로 착한 사람이 승승장구한다는 소식은 우리를 행복하게 한다. 이 행복감은 내 이득과 관련이 없기에 이기적인 게 아니고, 나에게 좋기 때문에 이타적인 것도 아니다. 결국 자기만족 아니냐고? 하지만 그 만족감은 행복의 결과로서 부수적으로 나타나는 것이지 행복의 원인은 아니다. 착한 사람이 잘 되는 것이 반드시 어떤 이상(이데아)에 부합하기 때문에 행복한 것도 아니다. 그런 이상을 경유하지 않아도 착한 사람이 잘 되는 것 자체가 좋아서 행복할 수 있다. 아리스토텔레스는 좋음(선)의 이데아와 별개로 그 자체만으로도 좋은 것들이 존재한다고 말한다.[4] 루이와 펠리시도 그렇다. 이들은 다른 누구도 아닌 '프랑수아즈'와 '샤를'을 사랑하는 것 자체가 좋기에 성적 본능과 이해관계를 거슬

144

러, 노골적인 유혹을 거부하고 기약 없는 기다림을 감내한다.

5년 뒤 프랑수아즈와 결혼한 루이가 우연히 모드와 재회한다. 그런데 모드가 프랑수아즈를 알아보고 의미심장한 미소를 짓는다. 루이는 그제야 모드의 전남편과 바람을 피운 상대가 프랑수아즈임을 알게 된다. 프랑수아즈는 루이가 진실을 알아챘을까 봐 전전긍긍한다. 하지만 루이는 그녀를 책망하기는커녕 자신이 5년 전에 모드와 동침했다고 거짓말을 한다. 자신도 도덕적으로 깨끗하지 않다는 점을 부각해 프랑수아즈의 죄책감을 덜어주려는 것이다. 독실한 가톨릭 신자인 그가 거짓말하지 말라는 십계명을 어긴 셈이다. 만약 루이의 사랑이 나르시시즘의 일종이거나 종교적 이상의 투영에 불과했다면, 그가 부도덕한 그녀를 감싸기 위해 구태여 자기에게 해가 되는 거짓말을 하지는 않았을 것이다. 그러면 도대체 루이가 사랑하는 대상은 누구인가? 자기 자신이나 절대적 이상(신, 순수하고 영원한 사랑)이 아니라면 말이다.

로메르는 영화사의 내로라하는 수다꾼이다. 대부분의 장면이 인물들의 긴 대화로 진행되기 때문이다. 하지만 〈겨울 이야기〉의 서두는 그의 영화답지 않게 대사 한 마디 없이, 휴양지에서 벌어지는 펠리시와 샤를의 적나라한 애정 행각으로 채워진다. 벌거벗고 구분 없이 뒤엉킨 무아경 속에서 그들은 하나가 되는 게 아니라 둘이 된다. 샤를은 펠리시에게 펠리시는 샤를에게 절대적인 존재, 어떤 것으로도 대체할 수 없는 한 인간으로 감지된다. 그 순간 펠리시는 샤를이라는 대상 밖의 어떤 추상적 관념도 알지 못한다. 말이 부재하는 것은 이 때문이다. 이것은 육체적이지만은 않다. 오직 그의 눈, 코, 입과 촉감을 통해서만 샤를이라는 영혼에 도달할 수 있다. 마치 기독교적인 성육신, 육체와 영혼이 하나임을 알려 주는 어떤 신비와 같다.

플라톤의 에로스는 사랑하는 연인을 경유해 절대적 이상(선과 미)으로 상승한다. 아름다웠던 연인의 육체는 이제 "가사적인 허접쓰레기"[5](가사는 죽을 운명임을 뜻한다.)가 되고 하늘 높이 올랐을 때 거기 존재하는 것은 "색깔도 형체도 없으며 만져지지도 않는"[6] 아름다움 자체다. 하지만 사랑은 오히려 그 반대의 사건 아닐까? 펠리시에게 샤를의 눈, 코, 입이 부재한다면 절대적 이상은 무의미하다. 샤를은 이상적 관념의 출발점이자 도착지다. 영화 〈이보다 더 좋을 순 없다〉(1997)에서 극도의 나르시시스트였던 멜빈(잭 니컬슨)은 캐럴(헬렌 헌트)에게 "당신은 내가 더 좋은 사람이 되고 싶게 만든다You make me wanna be a better man."고 말한다. 멜빈이 '좋은 사람'이라는 이상을 캐럴에게 투영하는 게 아니라, 오직 캐럴 때문에 그 이상을 품게 된다. 그녀가 없다면 그런 이상도 의미가 없다.

로메르는 우리의 삶에 유한하면서도 무한한, 색정적이면서도 신성한, '나'도 아니고 절대적 이상도 아닌 '너'가 존재한다고, 겨울이 봄으로 바뀌는 삶의 기적이란 바로 그런 '너'를 사랑하는 것이라고 말한다.

3부

낭만적 사랑의 정치적 확장

1부와 2부에서 제기한 오늘날 사랑의
풍경과 그에 결부된 위기는 낭만적 사랑을
떠받칠 윤리적, 정치적인 규범을 요청한다.
하지만 우리는 규범적인 사랑관의 문제점,
그것이 낭만적 사랑을 위협(플라톤의 에로스적
사랑)하며 낭만적 사랑의 개념과 합치될
수 없음(아리스토텔레스의 필리아적 사랑)을 안다.
그렇다면 낭만적 사랑 자체에서 윤리적,
정치적 규범을 끌어낼 순 없을까? 그
가능성을 살펴보려 한다.

12 낭만적 사랑이 만드는 선의지
: ⟨비포 선라이즈⟩, ⟨비포 선셋⟩, ⟨비포 미드나잇⟩

종말 이후 세계를 다루는 '포스트 아포칼립스' 영화처럼 로맨틱한 사랑 이후의 연인을 그린 영화도 장르를 형성할 만하다. 잉마르 베리만 감독의 ⟨결혼의 풍경⟩(1973)과 ⟨마리오네트의 생⟩(1980), 우디 앨런의 ⟨부부일기⟩(1992), 페이튼 리드의 ⟨브레이크업: 이별후애⟩(2007), 샘 멘데스의 ⟨레볼루셔너리 로드⟩(2008), 데릭 시엔프랜스의 ⟨블루 발렌타인⟩(2010), 세라 폴리의 ⟨우리도 사랑일까⟩(2011), 노아 바움백의 ⟨결혼 이야기⟩(2019) 등이 그런 영화다. 이 작품들을 '부부 아포칼립스'라 해야 할까? 전장의 포연처럼 적의가 자욱하고 증오의 말들이 미사일처럼 상대의 심장에 꽂힌다. 좀비 떼나 쓰나미가 휩쓸고 간 듯 사랑의 약속과 희망은 흔적도 없다. ⟨비포 미드나잇⟩의 제시(에단 호크)와 셀린(줄리 델피)도 그렇다. 그들은 그리스의 펠로폰네소스에서 쌍둥이 딸들과 여름 휴가를 보내는 중이다. 일과 육아를 병행하는 데 지친 셀린과 전처에게 맡겨진 아들 때문에 심란한 제시가 맞붙는다. 해리와 샐리 못지않게 수다쟁이인 이 (사실혼 관계) 부부, 서로의 진영에 말 폭탄을 퍼붓는다. 급기야 펑 하고 터져 나오는 셀린의 폭탄선언. "나 이제 당신 사랑 안 해!" 〈비포 미드나잇〉에 앞서 3부작에 속하는 〈비포 선라이즈〉(1995)와 〈비포 선셋〉(2004)을 본 관객이라면 두 사람이 어쩌다 이 지경이 됐는지 의아할 법하다.

***

〈비포 선라이즈〉는 〈비포 미드나잇〉으로부터 18년 전, 제시와 셀린이 오스트리아의 빈에서 보낸 하루를 다룬다. 미국 청년 제시와 프랑스 아가씨 셀린이 빈에 멈추는 기차에서 우연히 만난다. 빈 거리를 거닐며 이런저런 대화를 나눈 단 하루의 동행이지만, 이들은 사랑에 빠진다. 하지만 셀린의 할머니가 돌아가시는 바람에 6개월 뒤 다시 만나자는 약속은 지켜지지 않는다. 그리고 9년이라는 시간이 흘러 소설가가 된 제시가 셀린을 찾기 위해 빈에서 그녀와 보낸 하루를 『지금』이라는 소설로 써낸다. 그

덕분에 두 사람이 파리에서 다시 만난다. 소설을 읽은 셀린이 제시가 초청된 작가와의 대화 자리에 찾아온 것이다. 〈비포 선셋〉은 이들이 재회한 파리에서 보낸 하루를 보여 준다. 제시는 이 하루를 다시 『그때』라는 소설로 써낸다. 그리고 9년이 흘러 우리는 〈비포 미드나잇〉에서 중년 부부가 된 제시와 셀린을 마주한다. 풋풋한 스물세 살 청춘들이 중년 부부가 되는 과정을 그리는 이 3부작은 영화에서뿐만 아니라 실제로도 9년 간격으로 우리에게 찾아온다. '비포' 시리즈가 그리는 낭만적 사랑의 궤적이 더욱 마음에 와닿는 것은 영화가 그렇게 우리네 삶의 시간을 자연스레 머금고 있기 때문이다.

하지만 〈비포 미드나잇〉의 시간에서 〈비포 선라이즈〉를 반추하는 건 황금시대에 대한 순진한 노스탤지어가 될 수 없다. 〈비포 미드나잇〉에서 호텔 카운터의 여직원이 제시의 소설 속 여주인공 아니냐며 사인을 요청했을 때 셀린은 불쾌한 반응을 보인다. 자신은 소설 속 주인공이 아니라는 것이다. 또 셀린은 제시에게 "사람들은 내가 당신 소설 속 주인공처럼 도발적인 남자하고 사는 줄 아는데 천만에, 어딜 봐서!" 하고 쏘아붙인다. 현실이 각박할수록 기억과 추억의 캔버스에 알록달록 색칠하기 마련이다. 돌아보면 괜스레 아련해지는 그림이 누구에게 나 있을 터, 그런 환상 하나쯤 품고 살아도 나쁘지 않을 것이다. 그런데 웬만해야지. 애 보랴 일하랴, 셀린의 표현대로 "생각이라는 건 똥 쌀 때만 가능한" 전쟁 같은 일상에서 환상은 그리 달갑지 않다. 아니, 얄밉다. 만질만질한 얼굴로 울퉁불퉁한 일상을 조소하는 그놈의 환상이. 셀린은 "내 얘기 다시는 소설에 쓰지 마!" 하고 으름장을 놓는다.

관객들도 퍼뜩 정신을 차린다. 〈비포 선라이즈〉와 〈비포 선셋〉이 얼마나 현실과 동떨어졌는지 새삼 깨닫는다. 영화를 보고 무작정 유럽으로 배낭여행을 떠났던, 기차에서 낯선 이에게 말 걸었다가 수상한 사람으로 오해받았던 청춘의 흑역사가 아프게 밀려올 터다. 노아 바움백 감독의 흑백영화 〈프란시스 하〉(2012)에서 뉴욕에 사는 27세 여성 프란시스가 충동적으로 파리 여행을 떠났는데, 여행하는 2박 3일 동안 그녀에게는 아무 일도 일어나지 않는다. 파리에 산다는 친구는 '연락두절'. 보려던 영화는 '이미 시작'. 그러다 어느새 '비행기 안'. 영화 속 빈의 하루와 사뭇 다른 이 잿빛 파리가 여행의 현실에 가까울 것이다. 영화에서 제시는 기차에서 만난 셀린에게 돌아가신 할머니 유령을 봤다는 둥 환생을 믿냐는 둥 연신 허황한 설을 풀고, 셀린은 방청객 알바를 능가하는 반응으로 화답한다. 낭만적인 여행에 대해 관객이 알아야 할 불편한 진실은 이렇다. 그게 통하는 건 '에단 호크니까', 우리가 하면 그냥 '도를 아십니까'.

그런데 '비포' 시리즈에서 보이는 낭만적 사랑의 궤적, 그 커다란 낙차를 환상의 속성으로만 설명한다면 너무 단순하다. 〈비포 선라이즈〉에서 셀린은 제시에게 자신들의 부모 세대가 모든 것에 투쟁한 68혁명의 성난 젊은이였다고 말한다. 그들이 쟁취한 자유 덕분에 풍요를 누리며 자랐지만 자신이 볼 때 여전히 세상은 문제투성이라는 것이다. 셀린은 68혁명의 중심지였던 프랑스 소르본대학 학생답게 사회 현실에 매우 비판적이다. 그녀는 우리의 정신을 지배하는 대중매체가 파시즘의 새로운 형태라고 말하는데, 이는 68혁명의 사상적 기반을 제공한 미국 철학자 허버트 마르쿠제의 관점과 동일하다. 여러모로 셀린은 68혁명의 저항 정신을 계승하는 청년이다. 그러니 〈비포 선셋〉에서 셀린이 정치권력과 거리를 두고 환경 NGO의 활동가가 되어 있는 것은 자연스럽다.

사실 제시와 셀린의 만남도 68혁명과 무관하지 않

다. 〈비포 선라이즈〉에서 제시는 기차에서 만난 셀린에게 자신이 '유레일패스'로 유럽 이곳저곳을 돌아다니는 중이라고 말한다. 유레일패스는 유럽 대부분의 지역에서 국철을 자유롭게 이용할 수 있는 승차권이다. 〈비포 선라이즈〉의 배경인 1994년은 유럽공동체가 유럽연합이라는 새 이름을 쓰기 시작한 해고, 유레일패스는 유럽의 연대와 협력을 상징했다. 모든 억압으로부터 해방을 호소하며 프랑스와 독일을 비롯해 세계 각지에서 벌어진 68혁명이 국경을 초월한 세대적 정체성을 창출했는데, 이것이 유럽을 하나로 묶는 데 중요한 정신적 유산이 되었다. 한때 68세대를 대표한 요슈카 피셔와 다니엘 콘벤디트는 제도권의 걸출한 정치인이 되어 '하나의 유럽'이라는 구상을 발전시켰다. 제시와 셀린은 빈의 거리를 누비며 꿈과 사랑, 삶의 비밀, 세상의 부조리에 대한 생각을 자유롭게 나눈다. 국적에 구애하지 않고 천진한 호기심으로 격의 없이 어울리는 청춘의 낭만과 여유가, 아직 시효를 다하지 않은 68혁명의 유산과 거기서 파생된 유럽의 희망적인 정치 전망과 조응한다. 그런데 '하나의 유럽'이라는 야심 찬 청사진은 오늘날 점점 희미해지고 있다.

피셔는 독일 외무장관 시절 동유럽 국가의 EU 편입

156

을 주도했다. 그런데 〈토니 에드만〉을 보면 동유럽 국가인 루마니아의 고학력 청년들이 고국을 떠나 유럽의 부자 나라에서 일자리를 찾는 한편 루마니아 부저우의 정유 시설에서 일하는 상당수의 원주민들은 아웃소싱으로 해고당할 처지가 된다. 실제로 큰 임금격차에 따라 벌어진 동유럽 고급 인력의 서유럽 유출은 EU 차원의 문제가 되었다. 〈더 랍스터〉는 EU가 종용한 신자유주의적 개혁으로 살벌한 경쟁 사회가 된 그리스의 현실을 풍자한다. 유럽의 개방적 '모빌리티'를 통해 국경을 자유롭게 넘나드는 것은 이제 우정과 연대가 아니다. 자본과 노동이 가난한 국가에서 부유한 국가로 급격히 이동했고, EU 국가들 간 경제적 불균형이 심화되었다. 이는 유럽에 국한된 이야기가 아니다. 칸트가 말한 '세계 시민사회' 같은 꿈은 요원해졌다.

〈비포 선셋〉에서 셀린은 작은 실천에 매진하는 NGO 활동가들을 예찬하며 정부 권력으로는 세상을 바꿀 수 없다고 말한다. 그런데 〈비포 미드나잇〉에서 그녀는 공들인 풍력발전소 건설이 무위로 끝나자 정부에서 일할 뜻을 내비친다. 황당한 일은 안 겪을 테고 월급도 많이 준다는 것이다. 이를 빌미로 셀린과 제시가 싸움을 벌인다. 사춘기에 접어든 아들 헨리 옆에 있어 주고 싶은 제시는 파리에서 시카고로 이주하길 원한다. 하지만 이직을 고려하는 셀린이 이주 계획에 반대하며 자신의 꿈을 막지 말라고 하는데, 정부에서 일하는 게 언제부터 꿈이 됐냐고 제시가 비꼰다. 열정적인 NGO 활동가로서 세상을 바꿔야 한다고 열변을 토하던 〈비포 선셋〉의 셀린을 떠올리면, 그녀의 변화를 부부 싸움의 곁가지로 치부하긴 힘들다. 셀린이 지난 세월 동안 현실의 벽에 부딪혀 얼마나 큰 좌절을 맛봤을지 가늠하기 어렵기 때문이다. 제시와 셀린의 싸움은 확전으로 치닫는다. 직장 생활의 고충, 집안일과 육아의 분담, 급기야 제시의 외도를 놓고 격렬한 말다툼이 벌어진다. 독일의 사회학자 울리히 벡은 이들의 싸움을 목격한 듯 이렇게 말한다.

"남녀가 연인, 부모, 부부, 임금노동자, 개인 그리고 사회 구성원으로서 서로 맺고 있는 밀접하고도 복잡한 관계는 약화되기 시작하고 있다. 또 다른 선택지(가령 다른 지방에서 직장 갖기, 다른 방식으로 허드렛일 분배하기, 가족계획 수정하기, 다른 사람과 성관계 갖기 등)가 있다는 것을 깨닫는 순간 결혼한 (그리고 결혼하지 않은) 남녀 간에 싸움이 시작된다."[1]

제시는 외도에 대한 즉답을 회피하며 "서로 구속하며 살긴 싫다."고 말한다. 이런 태도는 성적 자유가 육체적 방종이 아닌 정치적 권리가 된 68혁명 이후의 변화와 무관하지 않다. 가사와 육아에 대한 갈등은 단지 부부간 역할 배분의 문제가 아니라 과중한 직장 업무, 공적 복지의 약화와 결부돼 있다. 노동과 자본이 자유롭게 이동하는 만큼 거주지나 직장의 이동도 빈번해진다. 부부 중 한 명은 경력 단절을 감수해야 하는 것이다. 미국으로 이사 가도 비슷한 일자리를 구할 수 있다는 제시의 말에 셀린은 분노한다.

그런데 사회 변화가 셀린과 제시에게 일어나는 감정 기복의 부가적 원인에 지나지 않을까? 에바 일루즈에 따르면, "감정이란 극도로 압축되어 있는 문화 의미들과 사회관계들"이다.[2] 내면의 밀실일 것 같은 감정은 기실 세계에 열린 광장으로, 거기에 사회구조가 응축돼 있다. 〈비포 미드나잇〉에서 제시와 셀린을 초대한 게스트하우스 주인 패트릭은 "상대방에 대한 사랑이 아니라 삶 전체에 대한 사랑"이 중요하다고 말한다. 내가 살아가는 세계에 대한 사랑 없이 연인을 진정으로 사랑하기는 힘들다. 이는 〈해리가 샐리를 만났을 때〉를 통해 본 합류적 사랑의 한계와 관련된다. 합류적 사랑은 연인 간의 심리적 협상에만 초점을 맞출 뿐 그들의 감정에 압축돼 있는 세계의 실상을 간과한다. 캐프라식 고전 로맨스가 문제를 해결해 줄까? 거기서 사랑이란 곧 선을 향한 의지고, 사랑하는 것과 좋은 세계를 만드는 것이 동일하다. 하지만 〈사랑을 카피하다〉에서 설명한 대로, (아리스토텔레스식) 규범적 사랑관은 오늘날의 낭만적 사랑과 합치될 수 없다. 그렇다면 낭만적 사랑이 선을 향한 의지를 만들어 낼 순 없을까?

***

우디 앨런이 연출한 영화 〈맨해튼〉(1979)에서 작가 아이작(우디 앨런)은 뉴욕이 "아름다운 여인"같이 사랑스럽고 낭만적인 도시라고 믿고 싶다. 하지만 그는 이내 자신의 낭만적 기대를 냉소한다. 뉴욕이 "타락한 현대 문화의 상징"이며 "마약과 시끄러운 음악과 텔레비전, 범죄, 쓰레기로 가득 찬 도시"라고 생각하기 때문이다. 아이작은 다양한 여성들과 뉴욕을 거닐며 많은 대화를 나누지만, 세계에 대한 그의 불안과 모순은 해소되지 않는다. 그건 대화가 아니라 그의 불안한 자의식이 투영된 장광설에 가깝다. 〈겨울 이야기〉에서 펠리시는 애인 막상스와 프랑스 도시 느베르의 이곳저곳을 거닌다. 루르드의 샘물에서 성모마리아의 발현을 목격했다는 베르나데트 성녀의 시신이 안치된 성골함을 보는데, 신비롭게도 그 시신이 오랜 세월 동안 썩지 않았다. 하지만 그런 신적인 기적 앞에서도 펠리시의 표정은 무덤덤하다. 막상스와 동행하는 것이 설레지 않기 때문이다.

〈비포 선라이즈〉에서 빈의 어둑한 골목길에 기대앉아 대화를 나누는 셀린과 제시는 어떤가? 셀린은 제시에게 "신이 있다면 너와 내 안이 아니라 우리 사이에 존재"한다고 말한다. 셀린의 말대로 그곳의 시간은 범상한 일상과 대비되는 신적인 것으로 체감된다. 셀린의 표현처럼 그들은 세계의 관찰자가 아닌 "주인"이 된다. 세계가 그들을 환대한다. 도시의 풍경, 이름 없는 묘지, 좁은 레코드 가게, 거리의 시인과 손금쟁이, 성당과 카페가 사랑의 뮤즈가 된다. 셀린과 제시 사이에 존재하는 낭만은 세계에 대한 그들의 불안과 모순을 봉합한다. 이는 그저 낭만적 환상에 불과할까?

"세상에 마법이란 게 있다면, 그건 어떤 것을 나누면

서 상대를 이해하려는 시도 안에 존재한다." 이런 셀린의 말처럼 그들은 자신을 앞세우기보다 상대의 말에 진솔하게 응답하려 애쓴다. 상대의 응답을 예단할 수 없으니 대화는 그들의 발걸음처럼 부유한다. 그것은 미지의 장소를 찾는 말들의 여행이다. 여기서 낭만성의 요체는 특정한 공간과 시간이 아니라 상대에게 닿고자 하는 불가능한 여정에 있다. 제시는 자신이 보는 세계보다 셀린의 눈에 비친 세계가 더 궁금하다. 그래서 셀린의 눈으로 세계를 바라보기 시작한다. 혼자라면 지나쳤을 열세 살 아이의 묘지와 낯선 LP 음악을, 조르주 쇠라의 그림을 제시가 그렇게 삶에 새긴다. 셀린은 독립적인 여성이 돼야 한다는 신념과 이를 침해할 수 있는 사랑의 감정 사이에서 모순을 느꼈지만, 적어도 빈에서만큼은 내면이 평화롭다. 제시가 셀린에 대한 환상에 머무는 게 아니라 그녀의 세계까지 온전히 이해하려고 노력하기 때문이다.

〈비포 선라이즈〉 도입부에서 카메라는 서로 다른 곳을 보는 노년의 남녀와 크게 다투는 중년의 부부를 지나 제시와 셀린을 보여 준다. 빈의 카페 '슈페를'에서도, 삼삼오오 대화하거나 다투는 사람들을 본 뒤에야 그들이 나타난다. 〈비포 미드나잇〉의 마지막 장면에서도 카메라는 셀린과 제시로부터 서서히 멀어져 그들처럼 서로를 마주한, 강변의 사람들을 비춘다. 셀린과 제시는, 청춘에서 노년으로 이어지는 삶의 순환 속에, 다양한 군상이 공존하는 세계의 한복판에 존재한다. 중년의 제시는 1994년 빈을 소환하며 셀린에게 화해를 청한다. 동화가 아니라 진정한 사랑을 원한다면 마음을 풀어 달라고 호소한다. 고심하던 셀린은 못 이기는 척 마음을 돌린다.

하지만 빈에서 소환된 것이 그 시절의 풋풋한 열정 같지는 않다. 셀린은 빈의 슈테판대성당에서 제시에게 "수많은 세대의 고통과 기쁨이 여기에 집약돼" 있다고 말했다. 그녀는 그곳에서 "상실감, 고통, 죄책감을 안고 답을 구하는 사람들에게 연민을 느낀다". 한 시절을 지나, 이제 기쁨과 고통이 순환하는 세계의 풍경을 달뜬 기대가 아니라 처연한 연민으로 보게 된 제시와 셀린은 서로의 상실감과 고통을 품어 안는다. 이것은 삶과 세계에 대한 체념일까? 이 연민이 서로에게 닿으려는 마법으로 이어진다면 그들은 새로운 여행을 시작할 것이다. 그리고 기차는 미지의 장소를 찾아 다시 출발할 것이다.

13 응답하는 사랑이 형성하는 삶의 존엄성

: 〈세이프 오브 워터〉

아르헨티나 작가 호르헤 보르헤스의 단편소설 「과학에 대한 열정」에는 세상에서 가장 정확한 지도가 등장한다. 왕국의 이곳저곳을 빠짐없이 담으려는 야심은 지도를 점점 커지게 했고 급기야 지도의 크기가 왕국의 면적과 같아진다.[1] 이는 정밀성에 집착하는 근대과학을 풍자한 것이겠지만 한편으로는 예술에 대한 견해로도 읽힌다. 작은 것(예술)으로 어떻게 큰 것(세계)을 담겠는가? 미술관을 거닐다 작은 그림 앞에서 세계의 가없는 크기를 느낀 적이 있을 것이다. 영화의 실면적도 눈에 보이는 화면보다 훨씬 크다. 이런 면에서 영화를 본다기보다 썬다는 표현이 어울릴 것이다. 위에서는 납작하게 보이는 영화를 썰어 보면 샌드위치 단면처럼, 보이지 않던 여러 층이 모습을 드러낸다. 영화 읽기는 그렇게 영화의 두꺼운 건축적 구조를 헤아리는 일이다. 그 두께가 어마어마할 때도 있다. 가령 존 포드(1894~1973) 감독의 서부극은 '모뉴먼트밸리' 같은 미국의 사막을 배경으로 할 뿐이지만, 그것이 19세기 미국의 역사적 시공간으로 상정되기도 한다. 이때 영화는 어마하게 효율적인 지도가 된다.

그런데 영화는 단지 세계와 연결된 건축물이 아니다. 스파이크 존즈 감독의 〈존 말코비치 되기〉(1999)에 기이한 공간이 등장한다. 한 건물의 7층과 8층 사이에 '7과 2분의 1층'이 존재하는데, 이 '사이 공간'에 존 말코비치라는 배우의 뇌로 들어가는 통로가 있다. 이는 영화에 대한 은유 같다. 객관적인 현실의 한복판에 세워진 것 같은 영화라는 건축물에 아주 주관적이고 내밀한 장소로 가는 통로가 있다. 영화라는 공간에 세계가 그대로 담긴 듯해도 우리는 그저 작가의 머릿속을 거니는지도 모른다. 지도로 쓰기에는 영 의심스럽다는 말이다. 로맨스 영화가 바로 이런 의심의 표적이 됐다. 7과 2분의 1층에는 존 말코비치의 머릿속으로 들어가 그로 살아 보려는 사람들이 몰려든다. 우리도 잠시 현실을 잊고 로맨스 영화 속 환상과 동일시하길 원한다. 하지만 많은 로맨스 영화가 이제 지도로서는 유용하지 않은 것 같다. 그곳에는 세계로 연결된 통로가 존재하지 않고, 관객은 납작한 환상에 머물 뿐이기 때문이다. 이것은 정치적인 쟁점이 아니라 미학적인 문제이기도 하다. 얄팍한 종잇장 같은 샌드위치를 씹는 맛이 좋을 리 없다.

***

이런 면에서 기예르모 델 토로 감독의 〈셰이프 오브 워터: 사랑의 모양〉(2017)은 독특한 영화다. 〈헬보이〉 시리즈와 〈판의 미로〉(2006)를 연출한 델 토로는 판타지의 거장이라 불린다. 〈셰이프 오브 워터〉역시 괴생명체와 인간의 사랑을 그린 판타지 로맨스로 분류된다. 그도 그럴 것이 영화의 배경이 1962년 미국 볼티모어지만 작품 속 공간이 현실을 재현한 것처럼 보이진 않는다. 영화 속 어두운 색감의 공간은 〈배트맨〉(1989)의 고담시처럼 음울하기보다 〈가위손〉(1990)의 작은 마을처럼 동화적이다. 이 영화 속 마을에 누구보다 착하고 순수한 언어장애인 엘라이자(샐리 호킨스)가 산다. 이웃에 사는 가난한 화가 자일스(리처드 젠킨스)와 직장 동료 젤다(옥타비아 스펜서)는 고아로 자란 엘라이자에게 가족 같은 사람들이다. 은은하고 노란 백열등이 엘라이자의 집과 마을을 비추고,

그녀의 집 바로 아래층에는 아름다운 극장이 있다. 간판을 손보던 극장 주인은 관객이 없다며 엘라이자에게 공짜 표를 건넨다. 그녀가 출근하려고 밤 버스를 기다리며 벤치에 앉아 있을 때 그녀의 뒤편에 전시된 텔레비전에서는 성조기가 휘날린다. 그렇다. 그녀는 미국에 산다. 악의 없는 사람들이 살아가는 소박하고 따뜻한 세계, 무한한 가능성이 당신을 환대한다고 말하는 세계. 프랭크 캐프라가 확립한 이후 할리우드 로맨스 영화가 현시해 온 정치적 공간이며 이민자와 소수자 들이 그렇게 믿고 싶어 하고 지배자들이 그렇다고 말하는 미국적 세계다.

그런데 이 공간이 마냥 동화적이지는 않다. 계란과 샌드위치가 든 종이봉투를 들고 벤치에 앉아 있는 엘라이자의 왼편을 보면, 풍채 좋은 중년 신사가 색색의 풍선을 옆에 둔 채 케이크를 들고 앉아 있다. 한 화면에 공존하는 이 두 사람의 모습이 묘하게 대비된다. 뱃살 두둑한 가부장과 왜소한 독신 여성. 가족을 위한 케이크와 혼자만을 위한 간식. 그녀는 미국 중산층의 행복으로부터 외따로 떨어져 있다. 앞선 장면들을 다시 보자. 엘라이자가 세 든 건물에 독특한 공간이 있다. 카메라가 수직으로 움직이며 엘라이자의 집 아래 극장으로 이동할 때 극장과 집 사이에 존재하는 작은 공간이 잠시 모습을 드러낸다. 그곳은 1층과 2층 사이, 말하자면 '1과 2분의 1'층이다. 음습하고 퀴퀴한 이 공간에 극장의 불빛이 희미하게 새어 들어 독특한 분위기를 풍긴다. 하지만 〈존 말코비치 되기〉의 '7과 2분의 1층'처럼 우리를 환상으로 인도하는 통로는 아니다. 오히려 환상의 빛이 투과되지만 현실의 잔영을 결코 지워 낼 수 없는 장소다. 그곳은 동화적인 시공간의 틈새다.

환상의 빛이 점유하지 못한 그늘이란 이런 것이다. 엘라이자는 들을 수 있지만 말할 수 없다. 대체로 자신의 삶에 만족하지만 깊은 외로움을 안고 산다. 자일스는 직장에서 해고당한 독신 남성인데 상당히 낙천적이다. 하지만 시대 분위기 탓에 동성애자라는 성 정체성을 숨긴 채 살아간다. 도리어 흑인들의 시위에 거부감을 드러내며 자신의 소수자성을 애써 부정한다. 엘라이자와 항공우주연구센터에서 청소 노동자로 일하는 흑인 여성 젤다는 누구보다 유쾌하고 씩씩하다. 하지만 집안일과 직장 일에 지쳐 있는 그녀는 무심한 남편으로부터 어떤 정서적 위안도 얻지 못한다. 엘라이자와 젤다가 센터의 이곳저곳을 쓸고 닦으며 수다를 이어 가도 사람들은 이들을 투명인간처럼 여긴다. 장애인, 동성애자, 흑인인 이들이 심한 차별을 겪는 것으로 보이진 않는다. 하지만 다른 세계, 더 큰 세계로부터 단절돼 있다.

서구 국민국가의 사상적 기반에 자리한 근대의 자연권은 모든 인간이 존엄하다고 말한다. 미국의 건국이념을 담고 있는 독립선언문도 모든 사람이 평등함을 명시한다. 그런데 여기에 맹점이 있다. 영화의 배경인 1962년 미국에서는 학교, 식당을 비롯한 공공장소에서 흑인과 백인을 분리하는 정책이 만연했다. 그 근거가 1896년 미국 연방대법원의 '플레시 대 퍼거슨' 판결인데, 이것이 "분리하지만 평등하다"는 원칙을 확립했다. 분리가 곧 차별은 아니라는 것이다. 가령 자일스는 자주 가는 파이 가게의 남자 종업원을 좋아하는데, 그가 호감을 표현하자 종업원이 혐오를 드러내며 그를 내쫓는다. 그는 자일스가 애정 표현만 하지 않았다면 차별이 없었을 거라고 항변할지도 모르겠다. 분리가 곧 차별은 아니라는 원칙은 폐기된 것 같지만 여전히 다른 버전으로 존재한다. "나는 당신을 존중한다. 단, 우리가 떨어져 있는 한." 모든 인간이 존엄하다는 근대의 자연권이 이 원칙으로 귀결돼도 이상하지 않다. 근대의 자연권을 확립한 토머스

홉스와 장 자크 부소는 인간의 존엄, 즉 생명과 자유를 보존하기 위해 사회계약이 필요하다고 주장했다. 그러니까 사회가 필요한 것은 본질적으로 내 생명과 자유를 지키기 위해서다. 모든 인간이 존엄하다지만 타인의 자리는 모호하다. 타인과 무엇을 할까? '쉘 위 러브'는 고사하고 내 자족성을 사수하려면 타인을 경계해야 하지 않겠나?

근대 자연권의 또 다른 맹점은 인간중심주의에서 드러난다. 항공우주연구센터의 보안 책임자인 스트릭랜드(마이클 섀넌)가 아마존강에서 괴생명체를 잡아 센터로 데려온다. 인간처럼 두 팔과 두 다리, 눈, 코, 입이 있지만 온몸이 비늘로 덮인 양서류로 보이는 이 생명체는 기본적으로 물에서 살지만 지상에서도 호흡하고 보행할 수 있다. 1962년은 소련이 미국을 겨냥해 쿠바에 미사일 기지를 둘 만큼 미소 양국의 냉전이 격화되던 시기로, 양국이 지상에서 벌이는 경쟁을 넘어 우주 항공 기술에서도 치열한 각축전을 벌였다. 이런 상황에 스트릭랜드는 인간을 통해 시도하기 힘든 각종 우주 실험에 괴생명체를 이용하려고 한다. 그리고 소련 스파이라는 정체를 숨기고 센터에서 일하는 호프스테틀러(마이클 스털버그) 박사는 괴생명체에 대한 연구 결과를 빼내 소련에 제공한다. 미국과 소련이 괴생명체를 철저히 냉전의 도구로 이용하는 것이다. 스트릭랜드는, 유전 개발을 막겠다고 화살을 쏘는 미개인답게 아마존 원주민들이 괴생명체를 신처럼 떠받들고 있었다고 조소한다. 그는 반항하고 포효하는 괴생명체를 쇠사슬로 묶어 놓고 전기 봉으로 고문한다. 겁에 질려 괴로워하는 괴생명체의 얼굴에 박해받는 소수자, 착취당하는 토착민, 짓밟히는 자연의 형상이 겹쳐진다. 낯선 존재의 적나라한 고통 앞에서 우리는 일순 환상에 몰입하기를 그치고 기시감이 드는 수많은 얼굴을 떠올리는 것이다.

인간이 존엄하다는 생각은 인간이 아닌 것, 인간이 아니라고 규정되는 것을 파괴하는 데 영향을 미친다. 심지어 이를 정당화한다. 그런데 착취와 학살을 일삼는 존재를 존엄하다고 말할 수 있을까? 여기서 커다란 역설이 발생한다. 존엄하다고 전제되는 인간이 존엄하지 않은 경우가 발생하는 것이다. 그래서 폴란드의 사회학자 지그문트 바우만은 근대의 자연권에 이의를 제기한다. 모든 인간이 존엄하기에 평등한 것이 아니라 모든 인간이 존엄성을 획득할 가능성이 있기에 평등하다는 것이다.

그가 볼 때 인간의 존엄성이란 그냥 주어지는 것이 아니라 끊임없이 만들어 가야 하는 그 무엇이다.[2]

　스트릭랜드는 괴생명체를 죽여 해부하려 하고, 호프스테틀러는 괴생명체가 지능과 언어능력과 감정이 있는 존재라서 죽이면 안 된다고 맞선다. 결국 센터를 책임진 호이트 장군이 괴생명체를 해부하라고 지시한다. 호프스테틀러가 소련 당국에 도움을 요청하는데, 모스크바의 고위층은 미국이 이용할 수 없게 괴생명체를 죽여 없애라고 명령한다. 그는 자비 없는 당국에 분노하지만 달리 방법이 없어 체념한다. 반면에, 스트릭랜드의 계획을 알게 된 엘라이자는 위험을 무릅쓰며 괴생명체를 살리려고 한다. 그녀가 자일스에게 괴생명체를 센터에서 빼내야 한다고 말한다. 그녀는 괴생명체를 '그 사람'이라고 부르며 절박하게 호소한다. 그의 생명이 자신에게 달려 있다는 것이다. 자일스가 인간도 아닌 것 때문에 위험을 무릅써야 하냐고 반박할 때 엘라이자는 단호하게, 아무런 행동도 하지 않으면 우리도 인간이 아니라고 말한다.

***

바우만이 말한 의미에서, 우리가 존엄성을 지키는 일에 나서지 않을 때 우리는 인간이 되는 데 실패한다. 엘라이 자는 존엄성이라는 삶의 가능성을 현실로 만든다. 우리는 어떻게 인간이 될 수 있나? 이데올로기가 이를 보장해 줄까? 현대의 정치 이데올로기는 프랑스혁명의 가치인 자유Liberté, 평등Egalité, 우애Fraternité에 기반을 두고 있다. 이 가치들이 자유를 추구하는 자유주의와 평등을 추구하는 공산주의로 발전하는데, 영화에서 자유주의와 공산주의를 신봉하는 이들은 괴생명체를 죽이는 데 서슴없이 나선다. 20세기에 광신적인 이데올로기들이 수많은 전쟁과 대량 학살을 정당화한 것처럼 말이다. 이는 프랑스혁명의 가치 중 하나인 우애를 망각한 결과가 아닐까? 우리는 동성애자인 자일스, 흑인인 젤다, 심지어 괴생명체까지 품어 안는 엘라이자에게서 인류애적 사랑을 떠올리기 쉽다. 프랑스어 '프라테르니테'가 많은 경우 '박애'로 번역되는 것도 그 때문이다.

그런데 박애와 우애는 본질적으로 다르다. 박애는 모두를 평등하게 사랑하는 것이지만 우애는 편파적인 사랑이다, 나의 연인, 형제, 친구에 대한 사랑처럼. 프랑스 혁명은 왜 박애가 아닌 우애를 강조했을까? 보편적으로 확장할 수 있는 박애는 분명 사회를 형성하는 데 필요한 감정이지만 시혜적이고 일방적일 때가 많다. 사랑하는 당신의 자유와 평등을 위한 것이니 순순히 따르라고 윽박지르는, 이념의 횡포처럼 말이다. 도스토옙스키의 소설 『까라마조프 씨네 형제들』(1880)에서 한 남자는 인류를 사랑하면서도 옆 사람을 사랑하지는 않는다고 말한다. 인류를 위해 십자가를 짊어질 심정이지만 내 자존심과 자유를 압박하는 옆 사람의 개성은 견딜 수 없다는 것이다.[3] 이는 앞서 말한 "분리하지만 평등하다"는 원칙과 같다. 타인과 떨어져 내 자족성을 지키면서도 박애(인류애)는 실천할 수 있다. 모두를 사랑하는 박애는 개개인의 고유성을 간과하고 인간 존재를 'n분의 1'로 인식한다. 그런데 경제학자 스테파노 자마니와 루이지노 브루니는 우애의 핵심은 '상호성'이라고 말한다. 우애는 거리를 두고 일방적으로 베푸는 것이 아니라 오고 가는 서로의 응답을 통해, 타인과 지극히 개인적인 관계를 쌓아야만 형성된다.[4] 이것은 '낭만적 사랑'과 연결된다.

　낭만적 사랑은 나와 타인의 관계 바깥에 있는 이념

과 규범이 아니라 연인들이 시간과 공을 들여 구축하는 고유한 세계를 통해서만 형성된다. 엘라이자와 자일스가 호프스테틀러의 도움으로 괴생명체를 빼내는 데 성공해 그를 엘라이자의 욕조에서 살게 한다. "그렇게 외로운 존재는 처음 봤어요. 내 모습, 내 인생 전부가 날 그 사람에게 이끌었어요." 이렇게 말한 엘라이자의 감정은 불쌍한 대상에 대한 동정이 아니라 그라는 존재에 대한 하나의 응답이다. 그녀가 말한다. "날 바라보는 눈빛을 보면 내가 어디가 모자란지, 어떻게 불완전한지 모르는 눈빛이에요. 그 사람은 나를 있는 그대로 봐요. 그 사람은 행복해요. 날 볼 때마다." 그의 행복한 눈빛에 엘라이자는 적극적으로 응답한다. 그녀는 그의 앞에서 수어를 하고, LP 음악을 들려주고, 빗자루 춤을 춘다. 그리고 꽃다발이 그려진 엽서를 건넨다. 삶의 선물들을 그에게 담뿍 안긴다. 그 역시 화답한다. 배운 수어를 해 보이고, 음악에 귀 기울이고, 엽서의 의미를 이해하려 애쓴다.

그들의 사랑은 스트릭랜드의 일방적인 행동과 대조적이다. 스트릭랜드는 잠자리에서 자신만의 쾌락에 몰입하기 위해 아내의 입을 틀어막는다. 엘라이자와 괴생명체 사이에 시나브로 신뢰가, 우애가, 사랑이 쌓인다. 이 사랑은 세계를 향한 신뢰와 우애, 사랑으로 확장된다. 두려움에 모든 것을 경계하던 괴생명체가 타인과 세계를 향해 자신의 감각을 연다. 그가 엘라이자의 집 아래에 있는 극장에서 경이로운 광경을 마주한 듯 우두커니 서서 영화를 본다. 자신 때문에 생긴 자일스 팔의 상처를 어루만지기도 한다. 하지만 스트릭랜드가 결국 이들을 찾아낸다. 증오를 머금은 시대가 이들 앞에서 비열한 얼굴을 보인다. 엘라이자와 괴생명체는 서로를 지킬 수 있을까?

로맨스 영화. 사랑에 관한 현대의 동화는 대개 매력적인 남자와 여자의 사랑을 들려준다, 그들을 응원하는 따뜻한 세계와 더불어. 그 반면 〈셰이프 오브 워터〉처럼 환상의 빛으로 점유할 수 없는, 짙은 그늘이 드리운 동화도 있다. 이 어두운 동화는 시대가 부정하는 흉측한 괴생명체와 보잘것없는 듯한 여자의 사랑을 들려준다. 엘라이자가 괴생명체의 심장에서 바닷소리를 듣는다. 어떤 것이든 그 존재의 모양으로 자리 잡는 물이 그녀와 그 사이에 흐른다. 그들은 심해의 공간을 품고 있다, 괴물 같은 시대를 왜소하게 만들 만큼 거대한 공간을. 어떤 영화(예술)는 세계보다 크고 깊다.

14 사랑은 어떻게 사람을 정치적으로 만드나

: 〈지미스 홀〉

영국의 영화감독 켄 로치의 작품에서는 꿉꿉한 땀 냄새가 난다. 살갗에서 나는 지극히 인간적인 하지만 적이 불편한 냄새. "감독님, 영화에 탈취제 좀 뿌리면 어때요?" 하고 권하면 그는 노동하는 몸, 투쟁하는 몸, 악다구니를 쓰는 몸이라 어쩔 수 없다고 답할 법하다. 그의 영화는 분명 나른한 허브 향이나 우아한 커피 향을 풍기는 로맨스 영화와 거리가 있다. 하지만 "가난하다고 해서 사랑을 모르겠는가".[1] 로치의 영화에서 '사랑'은 언제나 중요한 자리를 차지해 왔다. 영국에 사는 파키스탄 남자 캐심과 아일랜드 여성 로이즌을 주인공으로 한 〈다정한 입맞춤〉(2004)은 다른 인종 간의 사랑을 그린다. 〈하층민들〉(1991), 〈레이디버드 레이디버드〉(1994), 〈내 이름은 조〉(1998)에서 사랑은 불우한 현실의 유일한 희망처럼 느껴진다. 심지어 '스페인 내전'을 다룬 〈랜드 앤 프리덤〉

(1995)과 아일랜드 독립 전쟁을 소재로 한 〈보리밭을 흔드는 바람〉(2006)을 보면, 역사적 투쟁의 한복판에서도 사람들은 사랑을 갈구한다.

물론 켄 로치를 별안간 로맨스 장인으로 추앙하려는 건 아니다. 땀 냄새를 커피 향으로 바꿀 수 없듯 사랑을 부각한다고 좌파 감독이라 불리는 그의 정치적 불온함이 상쇄되진 않는다. 그럼 이렇게 질문해 보자. 사람을 정치적으로 만드는 건 무엇인가? 가령 로치의 〈칼라 송〉(1996)에서 평범한 버스 운전사 조지(로버트 칼라일)는 사랑하는 여자 칼라(오이앙카 카베자스)를 따라 니카라과로 향한다. 그곳에서 그는 칼라와 함께 니카라과 혁명정부를 지키기 위해 무도한 반군 세력에 맞선다. 친구 따라 강남 가는 게 아니라 애인 따라 혁명한다. 조지에게는 대체 무슨 일이 벌어졌을까? 이는 정치뿐만 아니라 사랑에 대한 질문이기도 하다. "사랑이 뭐길래?" 로치의 〈지미스 홀〉(2014)이 바로 이 두 가지 질문에 관한 영화다.

***

〈지미스 홀〉은 아일랜드 리트림에서 제임스(지미) 그랠

턴(1886~1945)이 마을 회관을 지으며 겪은 실화를 소재로 한 영화다. '피어스-코널리 홀'이라는 회관 이름에는 역사적 배경이 있다. 800년 가까이 영국의 식민지였던 아일랜드의 더블린, 1916년 부활절 즈음에 아일랜드인들이 영국에 맞서 봉기한다. 패트릭 피어스가 이끈 아일랜드 의용군과 제임스 코널리가 지휘한 아일랜드 시민군이 무장투쟁에 나선 것이다. 이 봉기는 아일랜드 독립 투쟁의 시발점이 되었고, 1919년부터 1921년까지 이어진 독립 전쟁 끝에 영국과 맺은 휴전 조약에 따라 아일랜드자유국이 탄생했다. 하지만 북아일랜드는 영국의 영토로 남았으며 아일랜드자유국도 외교권과 군사권을 갖지 못한, 영국의 자치령이다. 이런 상황이 아일랜드에 내분을 불러일으켜, 조약 찬성파와 반대파가 1922년부터 1923년까지 내전을 벌인다.

그런데 이 내전이 단지 조약에 대한 찬반에서 비롯한 것은 아니다. 피어스는 민족주의자, 코널리는 사회주의자였다. 〈보리밭을 흔드는 바람〉에서 주인공 데이미언의 대사를 통해 코널리의 견해가 전달된다. "우리가 내일 당장 영국군을 몰아낸다 해도 사회주의 공화국을 조직하지 못한다면 영국은 지주와 자본가, 상권을 통해 우리를 계속 지배할 것이다." 이런 태도는 분명 아일랜드의 부르주아들에게 위협적이었다. 결국 아일랜드 내전은 독립을 둘러싼 계급 간 투쟁의 성격을 내포하고 있었다. 지미는 가난한 소작농 집안에서 태어났지만 이동도서관을 운영한 어머니 덕분에 어릴 때부터 책을 가까이했다. 리버풀의 부두 노동자로 살아가던 그는 미국으로 가서 노조 활동에 적극적으로 참여해 사회주의자로 알려진다. 보수적인 가톨릭 국가인 아일랜드의 성직자나 지주, 자본가 들에게 그는 불편한 존재였다. 영화에서 지미(배리 워드)는 1922년에 마을 회관을 세우고, 지주에게 쫓겨난 소작농을 위해 투쟁하다 미국으로 망명한다. 사실상 기득권층이 추방한 것이나 마찬가지다. 그는 10년 만인 1932년에 아일랜드로 돌아가 동료, 마을 청년 들과 마을 회관을 재건한다. 그런데 마을 회관이 계급투쟁의 거점으로 부상할 것을 우려한 기득권자들이 지미와 그의 동료들을 과격한 공산주의자로 몰아세운다. 마을 회관을 폐쇄하고 지미를 다시 쫓아내려는 심산이었다.

그런데 마을 회관이 정말 빨갱이 소굴일까? 민족주의자와 사회주의자의 통합을 상징하는 '피어스-코널리 홀'이라는 이름은 마을 회관이 지향하는 가치를 드러낸다. 그 가치는 극심한 이념적 대립을 해소하고 공동체를 통합하는 것에 가깝다. 영화관에서 한 무리의 사내들이 지미 일행을 "적그리스도", "빨갱이 새끼들"이라고 부르며 노골적으로 적대감을 드러낸다. 흥분한 지미 일행도 그들에게 "파시스트 새끼들!"이라며 응수한다. 사람과 사람, 집단과 집단이 서로를 이토록 혐오하는 사회에서 인간적인 삶이란 불가능하다. 어떤 금 너머의 것을 표현하고 상상하고 만나는 것이 금기시되는 세상에서는 공동체만 분열되는 게 아니라 개인의 삶도 파편화된다. 피어스와 코닐리가 외치던 자유와 해방이 단지 국가나 공동체 차원의 가치만은 아닐 것이다. 피어스-코닐리 홀은 분열된 삶의 통합, 생의 과실을 누리며 자기를 온전히 실현하는 삶을 상징한다.

만약 마을 회관이 공산주의자 양성소라면 지미와 동료들이 카를 마르크스의 『공산당선언』이나 『자본』 같은 책을 강독해야 할 터다. 그런데 그곳에 모인 사람들은 아일랜드 민족시인 윌리엄 예이츠(1865~1939)의 시를 낭독한다. 정치적 음모를 모의하기는커녕 권투와 그림을 배우거나 노래를 부르고 춤을 춘다. 그들은 교사와 학생이 따로 없이 지식과 재능을 나누며 어울린다. 무기력하던 마을 청년과 주민 들의 눈이 반짝인다. 이들은 자기 손으로 마을 회관을 닦고 칠하며 그곳을 자신의 장소로 새긴다. 지미는 주민들로 구성된 위원회에 회관의 운영을 맡기며 그들이 그곳의 진정한 주인이 되게 한다. 지미와 그의 동료들이 권력자들과 번번이 맞선 것은 특정 이념을 따라서가 아니라 부조리한 질서가 사람들을 주인으로 살아갈 수 없게 하기 때문이었다.

지미가 옛사랑 우나(시몬 커비)와 재회한다. 10년 전 미국 망명을 앞둔 그는 우나에게 함께 가자고 했다. 그녀가 병약한 부모님을 모셔야 한다며 거절했지만 그보다 중요한 이유가 있었다. 그녀는 "평생이 싸움인 사람을 어떻게 따라나서겠냐"고 말한다. 우나의 말대로 지미의 정치적 행보는 평온한 사랑의 풍경과 양립하기 힘들다. 지미는 울먹이는 우나를 두고 떠나며 사랑의 언약을 남겼다. "무슨 일이 있어도 널 마음에 간직할게. 내가 죽는 날까지." 그가 못다 한 사랑을 이루어 갈까? 그러나 이제 우나의 곁에는 남편과 두 아이가 있다. 다시 만난 그녀에게 지미는 "널 보고 있으면 숨이 멎을" 것 같다고 말한다. 우나도 "심장이 부서질" 것 같다며 울먹인다.

영화는 마을 회관에서 낭독되는 예이츠의 시 「방랑

자 앵거스의 노래」와 지미의 모습을 나란히 두며 그의 복잡한 심경을 간접적으로 드러낸다. 20세기 최고의 시인으로 꼽히는 예이츠는 일생 연모했으나 끝내 얻을 수 없었던 여인 모드 곤을 50여 편의 시로 노래했다. 모드 곤은 예이츠의 거듭된 구애를 거절해 그를 절망에 빠뜨렸다. 「방랑자 앵거스의 노래」도 그런 시 중 하나다. "머릿속에 타는 불 있어 개암나무 숲으로 갔네. 나뭇가지 꺾어 껍질 벗기고 갈고리 바늘에 딸기를 꿰고…"라는 시구처럼 지미도 무성한 풀을 베며 어지러운 마음을 다스린다. "낮은 땅 높은 땅 헤매느라 비록 나 늙었어도 그녀 간 곳 찾아내어 입 맞추고 손 잡으리. 그리하여 세월 다할 때까지…." 이는 지미가 우나에게 한 사랑의 언약과 비슷하다. 마을 회관에서 한 남자가 「방랑자 앵거스의 노래」에 투영된 예이츠의 마음이 "갈망인지 희망인지" 묻는다.

앵거스는 켈트 신화에 등장하는 사랑과 젊음, 아름다움의 신이다. 예이츠는 모드 곤을 일생 여신처럼 숭배했다. 이는 앞서 말한 플라톤의 '에로스'에 닿아 있다. 에로스의 구애 실패는 '미필적 고의'에 가깝다. 상대를 사랑하는 것 같아도 실은 '사랑의 갈망' 자체를 사랑한다.

예이츠는 모드 곤에 대한 열정으로 세속적인 삶을 초월할 수 있었고, 이를 아름다운 시로 승화시켰다. 이룰 수 없는 사랑이 시인에게는 축복에 가까웠다. 애틋한 갈망이 지속된 덕분에 그의 예술적 영감이 마모되지 않았기 때문이다. 모드 곤이 예이츠의 구애를 거듭 거절한 것도 이런 사정과 연관돼 있었을 터다. 그녀가 이렇게 말한다. "당신은 당신이 불행이라고 부르는 것으로부터 아름다운 시를 쓰고 거기에서 행복을 느끼니까 행복한 것이지요."[2] 우나에 대한 지미의 감정은 예이츠처럼 끝없는 갈망에 지나지 않을까, 아니면 어떤 희망으로 연결될까?

회관에서 무도회가 열리는 날, 해 질 녘 마을에 전에 없던 활기가 가득하다. 재즈밴드의 연주에 맞춰 스텝을 밟는 사람들은 흥에 취한다. 그런데 마을의 신부인 셰리든(짐 노튼)이 무도회에 드나든 사람들을 예배에서 일일이 호명하며 이렇게 말한다. "재즈란 것은 격정에 불을 지르는 아프리카 리듬입니다. 골반을 흔들고 서로 몸을 더듬고⋯." 그는 마을 회관이 쾌락을 좇는 미국 문화를 퍼트려 사람들을 타락시킨다고 경고한다. '재즈가 일으키는 격정의 불'은 육체적 열정에만 그치지 않고 예이츠의 "머릿속에 타는 불"처럼 기존 현실을 초월하려는 에술적, 정치적 에너지로 승화할 수 있다. 셰리든은 열정이라는 방화범이 여기저기에 불을 지를까 봐 걱정한다.

영화는 도입부에서 1920년대 미국의 여러 풍경을 담은 뉴스릴(당대의 주요 사건을 담은 기록영화)을 보여 주며 열정과 욕망의 사회적 영향력이 양면적이라는 점을 드러낸다. 재즈가 흐르는 가운데 북적대는 군중, 탭댄스와 블루스를 추는 시민들의 모습이 이어지며 삶의 약동과 에너지가 가득한 미국을 보여 준다. 그런데 일자리를 요구하는 시위 장면을 기점으로 분위기가 반전한다. 폐업하는 가게, 빵을 배급받기 위해 끝없이 늘어선 줄, 거리의 노숙자 들이 보인다. 이 두 가지 미국은 지미가 목격한 1920년대 뉴욕의 풍경과 일치할 것이다.

지미는 뉴욕에서 가져온 전축으로 재즈를 들려주고 그곳에서 배운 심샘 춤을 춰 보인다. 회관은 일순 춤바람에 휩싸인다. 재즈는 마을 사람들에게 미지의 욕망과 열정을 상징한다. 재즈를 매개로 그들은 금 너머의 것을 표현하고 상상하고 만난다. 지미는 자신이 1920년대 뉴욕에서 본 것은, 대공황의 원인이 된 환영과 착취와 탐욕이었다고 말한다. 소설『위대한 개츠비』로 유명한 미국 작가 피츠제럴드는 음악을 뜻하는 재즈가 전에는 춤 그리고 본래는 섹스를 의미했다고 말한다.[5] 미국의 1920년대를 '재즈 시대'라고 표현한 피츠제럴드는 음악과 춤, 섹스, 나른한 열정으로 가득한 환락의 아메리카를 문학적으로 형상화했다. 지미의 말대로 재즈 시대의 무분별한 향락과 탐욕은 대공황의 원인이 되었다. 1979년에 루홀라 호메이니가 일으킨 이슬람 혁명이 육체적, 예술적 열정을 억압하는 데 초점을 맞춘 것도 그 때문이다. 혁명 이후 이란에서는 전통 페르시아 음악을 제외하고 모든 음악이 금지됐다. 심지어 텔레비전에서 악기를 보여 주는 것도 불허되었다. 인터넷에서 섹스를 연상시키는 성적인 단어는 검열의 대상이 됐다.[4]

프랑스혁명을 주도한 두 지도자, 막시밀리앵 로베스피에르와 조르주 당통도 열정과 욕망에 대한 상이한 관점 때문에 대립했다. 폴란드 감독 안제이 바이다의 영화 〈당통〉(1983)에서 로베스피에르는 방만한 열정보다 도덕적 질서를 강조하고, 당통은 그의 공포정치가 "가장 뜨거운 혁명의 열정"을 얼어붙게 한다고 맞선다. 혁명을 이끄는 열정이란 무엇일까? 독일의 극작가 게오르크 뷔히너(1813~1837)의 희곡 『당통의 죽음』에서 당통파 정치인 카미유 데물랭이 말한다. "우리는 벌거벗은 신들과 바쿠스의 무희들 그리고 올림포스의 유희를 원해. 그리고 '아, 온몸을 녹이는 사랑이여!'라고 노래하는 입술을 원한다고."⁵ 지루한 도덕이 아니라 열정의 유희만이 세상을 근본적으로 변화시킨다는 것이다. 예이츠처럼 지미도 우나와의 이룰 수 없는 사랑, 그 강렬한 열정을 발판으로 혁명가적 신념에 도달했을까?

***

한 사람에 대한 사랑은 세계에 대한 정치적 신념에 비해 결코 가볍다고 할 수 없다. 혁명가 체 게바라(1928~1967)는 아내 알레이다에게 쓴 편지에서 "당신에 대한 강렬한 욕망은 카를 마르크스나 블라디미르 일리치 레닌으로도 늘 진정되지는 않아요."라고 말한다.⁶ 지미 역시 우나에게, 인생이 한 번 더 허락된다면 당신과 조용한 삶을 보내고 싶다고 말한다. 그는 그토록 열망하던 사랑 대신 정치적 신념을 택한다. 지주에게 부당하게 쫓겨나 길거리에 나앉은, 다섯 아이의 엄마를 위해 투쟁에 나선 것이다. 조용히 살면 추방을 면할 수 있다는 회유를 뿌리친지미는 결국 조국에서 쫓겨난다. 그는 왜 이런 선택을 했을까? 물론 그는 다른 남자의 아내인 우나와 사랑을 이어 가기보다 곤경에 처한 소작농을 돕는 편이 옳다고 여겼을 것이다. 하지만 이런 설명은 동어반복이다. 우리는 어떻게 윤리적(정치적)인 선택을 할 수 있는가?

유대인 작가 프리모 레비(1919~1987)가 오슈비엥침(독일어 아우슈비츠) 수용소에서 겪은 사건에 대해 말한다. 가스실의 시체를 처리하는 (대부분 유대인들로 구성되었고 그들 자신도 죽을 운명인) 존더코만도스Sonderkommandos들이 어느 날 시체 더미 사이에서 아직 숨이 붙어 있는 한 소녀를 발견한다. 그저 무감하게 시체들을 화장터로 옮기던 그들은 진실로 당황한다. 레비는 그 순간에 대해 이렇게 말한다. "그들 앞에 있는 존재는 더 이상 이름 없는 사람들의 무리가 아니다. 열차에서 쏟아져 내리는, 놀라고 겁먹은 사람들의 강물 같은 쇄도가 아니다. 다만 한 사람이 있을 뿐이다."[7] 여기서 우리는 윤리를 형성하는 가장 원초적인 마음에 관해 알 수 있다. 이 세계가 추상적이고 보편적인 관념이 아니라 구체적이고 고유한 존재로 이뤄져 있음을 인식하는 것, 그것이 가장 참혹한 상황에서도 최소한의 윤리를 망각하지 않게 한다. 삶에 대한 열정에 있는 모순도 여기서 비롯한다. 열정이 삶에 대한 애착을 넘어 그저 삶의 '완전함', 어떤 환상을 사랑하는 것이 되면 윤리의 궤도에서 이탈한다. 있는 그대로의 삶, 사람들의 구체적인 얼굴을 망각하기 때문이다.

지미가 셰리든 신부에게 말한다. "제 손을 보세요. 손톱에 흙이 꼈어요. 전 군인, 선원, 광부, 부두 노동자였어요. 저는 살면서 실수도 많이 했어요. 하지만 우리에게 결점이 있어도 저는 이웃과 동료와 제가 속한 계층을 믿어요. 최대한 우리의 삶을 이해하려고 애쓴다고요." 감히 사랑이 무엇이라고 얘기할 수 있을까? 그래도 사랑이란 최소한 이 세계에 '나' 혹은 사람의 더미가 아니라 '너'가 존재함을 아는 것 아닐까? 이때 사랑은 윤리와 정치의 원천이 된다. 내가 '너'를 사랑하듯 타인 역시 누군가의 '너'로 존재함을, 사랑의 연결망 안에서 이 세계에 무수한 '너'가 존재하고 있음을 알게 되기 때문이다. 우리가 '연인'이 되지 않고서 어떻게 그 수많은 얼굴, 그들의 열망과 고통을 상상할 수 있을까? 우리는 우나에 대한 깊은 사랑이, 지미의 정치적 신념의 출발점이자 도착지임을 알 수 있다. 그래서 로치의 영화 속 신념의 투사들이 연약한 로맨티시스트일 것이다.

15 땅에 붙들린 사랑의 우주적 궤적

: 〈일 포스티노〉, 〈네루다〉

사랑을 노래하던 섬약한 시인이 혁명을 부르짖는 강고한 투사가 될 수 있을까? 드물지만 불가능한 일은 아니다. 칠레의 시인 파블로 네루다(1904~1973)를 보면 그렇다. 시집 『스무 편의 사랑의 시와 한 편의 절망의 노래』(1924)에서 사랑의 열락과 우수에 젖어 있던 네루다가 『모두의 노래』(1950)에 이르러선 아메리카 대륙의 자연과 역사와 정치를 웅변하는 선지자로 변한다. 시인의 눈길은 침대 머리맡의 "벗은 몸", "젖가슴 잔들", "치골의 장미들"[1]에서 파리한 얼굴의 "주검들, 광부들, 형제들, 동지들"[2]로 옮겨 간다. 시인은 "터널처럼 외로웠다"[3]고 되뇌던 밤을 지나 "민중과 폭탄"[4]을 기다리는 새벽을 맞는다. 실제로 네루다는 외교관으로서 스페인 내전에 참여했고 정치인으로서 파시즘에 맞서 투쟁했다. 하지만 그는 사랑을 망각하진 않았다. 그가 말년에 노벨문학상을 받을 때 한 기자가 가장 아름다운 단어를 하나 꼽아 달라고 하자 "사랑"이라고 답한다. '사랑'은 쓰면 쓸수록 더 강해진다는 것이다.[5] 말하자면, 네루다는 '사랑'을 벼리고 벼려 폭압적인 현실에 맞설 수 있는 '폭탄'을 만든 셈이다.

***

로맨스 영화는 세상의 문제에 대한 치유제로 사랑을 제시한다. 〈러브 액츄얼리〉의 내레이터가 첫머리에서 이렇게 말한다. "세상에는 증오가 가득한 것 같지만 그렇지 않다. 사랑은 어디에나 있다." 연인, 가족, 친구, 동료 간의 사랑이 인류와 세계, 자연에 대한 사랑으로 커질 수 있을까? 네루다의 시와 삶의 궤적은 그런 사랑의 연금술을 보여 주는 것 같다. 한 여인에게 뿌리내리고 울창하게 자란 그의 사랑은 풀 한 포기부터 "콜롬비아 어부", "볼리비아 광부", 초야의 "구두수선공"에게까지 닿았다.[6] 네루다 삶의 일부를 보여 주는 마이클 래드포드 감독의 영화 〈일 포스티노〉(1994)가 많은 로맨스 영화 중에서도 각별한 사랑을 받는 것이 바로 이 때문이다. 〈일 포스티노〉의 원작은 칠레 작가 안토니오 스카르메타의 소설 『네루다의 우편배달부』다. 영화는 네루다의 말년을 그린 원작과 달리 그가 정치적 박해로 이탈리아에 망명해 있던 1952년을 배경으로 한다.

'일 포스티노'는 이탈리아어로 '우편배달부'라는 뜻이다. 제목처럼 영화의 주인공은 네루다가 아니라 우편배달부 마리오(마시모 트로이시)다. 네루다는 망명 중에 (그의 세 번째 아내) 마틸데와 이탈리아의 작은 섬 '칼라 디 소토'에 머문다. 이곳에서 어부로 일하는 늙은 아버지와 사는 청년 마리오는 네루다(필리프 누아레)를 전담하는 우편배달부가 된다. 네루다가 칠레에서 온 세계적인 시인이며 열렬한 공산주의자라는 사실은 마리오의 관심사가 아니다. 그는 네루다에게 쇄도하는 여성들의 편지를 보고 그제야 부쩍 관심을 보인다. 우체국장이 네루다를 "인민이 사랑하는 시인"이라고 소개할 때 마리오는 이렇게 말한다. "인민요? 여자들도 사랑한다던데요." "혹시 필요한 게 있으면 저한테 시키세요." 마리오가 네루다에게 호의를 보인 이유는 단순하다. "여자들한테 네루다의 친구라고 자랑할 거예요." 마리오가 별안간 시인이 되고 싶은 이유도 같다. "시를 쓰면 여자들이 좋아하잖아요." 이 대목에서 마리오의 순진함을 비웃고 있다면, 그건 우리가 '죽은 시인의 사회'를 살고 있기 때문이다.

실제로 네루다와 시는 마리오가 사랑을 이루는 데 지대한 공헌을 한다. 마리오가 동네 식당 주인의 조카 "베아트리체 루소"(마리아 그라치아 쿠시노타)에게 첫눈에 반해 발을 동동 구를 때 네루다가 해결사로 나선다. 네루다가 영험한 주문을 외듯 노트에 "나의 절친한 친구 마리오"라고 휘갈기자, 도도하던 베아트리체가 마리오를 다시 보게 된 것이다. 물론 그저 시인의 후광 덕분에 마리오와 베아트리체의 사랑이 이뤄진 건 아니다. 사랑의 비결은 바로 네루다가 마리오에게 가르쳐 준 시적 '은유'에 있다. "은유? 그게 뭔데요?" "은유란… 뭔가를 설명하기 위해 다른 것에 빗대는 거야." 마리오는 네루다가 낭독한 시에 '은유'를 적용해 보인다. "단어가 왔다 갔다 해서 뱃멀미가 나요. 배가 단어들 사이에서 통통 튕겨진다고 할까…." 마리오가 네루다에게 이렇게 묻는다. "온 세상, 이를테면 바다, 하늘, 비, 구름 기타 등등이 다른 뭔가의 은유가 될 수 있나요?" 그러고는 자신의 물음에 스스로 답하듯 세상의 온갖 사물을 베아트리체의 은유로 쓴다. "당신의 미소는 나비처럼 날개를 펼쳐요." "당신의 미소는 장미, 서슬 퍼런 검, 솟아오르는 물줄기, 갑작스러운 은

빛 파도." 이를 듣던 베아트리체의 얼굴에는 환한 미소가 번진다. 마리오의 시적 은유가 현실이 된 것이다.

마리오와 베아트리체가 결혼하고 네루다가 증인이 되어 준다. 네루다는 마리오에게 자신의 시적 주제가 사랑과 서정에서 혁명과 정치로 변하게 된 일화를 들려준다. 그는 칠레의 탄광에서 만난 어떤 노동자가 자신의 고단한 삶을 증언해 달라고 한 것을 계기로 『모두의 노래』를 쓰게 되었다. 마리오의 관심사도 연인에 대한 사랑에서 민중에 대한 사랑으로 옮겨 간다. 그는 네루다처럼 공산주의자를 자처하게 된다. 이탈리아 총선에서 공산당을 적극적으로 지지하면서 마을 어부들이 착취당하고 있다고 목소리를 높인다. 마리오는 급기야 사람들이 구름처럼 모인 공산당 집회에서 '네루다에게 바치는 노래'라는 자신의 시를 발표할 참이다. 그러나 불행히도 이 계획은 죽음으로 끝났다. 군인들이 집회를 진압하는 난리 통에 그가 압사당한 것이다.

마리오가 베아트리체와 사랑에 빠졌다고 말할 때 네루다는 중세 이탈리아의 시인 단테 알리기에리(1265~1321)를 거론한다. "단테도 베아트리체라는 여인을 사랑했지." 네루다는 베아트리체가 '영원한 사랑'을 상징한다고 말한다. 단테가 베아트리체를 찾아, '지옥', '연옥', '천국'을 (지하에서 하늘까지) 단계적으로 순례하는 여정을 그린 작품이 『신곡』이다. 이때 단테가 찾아 헤매는 것은 '베아트리체'라는 여인만이 아니다. 네루다의 말대로 그것은 '영원한 사랑', 영속적이며 숭고한 가치다. 단테는 고대 로마의 시인 베르길리우스의 안내에 따라 긴 여정에 나서는데, 마리오 역시 네루다가 이끄는 어떤 영적 순례에 임하는 것으로 보인다.

연옥의 끝에서 베르길리우스는 퇴장하고 천국에서는 베아트리체가 단테를 안내한다. 네루다도 정부의 체포 명령이 철회되자 고국으로 돌아가고, 마리오는 단테처럼 베아트리체와 자신의 길을 간다. 단테는 천국에서 가장 높은 하늘에 이르러 성모마리아를 만난다. 성모마리아는 베아트리체를 통해 단테를 구하고 그를 더 높은 차원으로 이끄는 존재다. 마리오는 네루다가 자신을 잊은 듯싶어 실의에 빠진다. "저는 시인도, 훌륭한 공산주의자도 아니고, 그저 우편배달부일 뿐인데 저를 왜 기억하겠어요?" 이때 장면이 바뀌면서 어부들이 바다에 띄워 놓은 성모마리아상이 나타난다. 성모마리아상은 마리오 같이 가난한 민중이 희구하는 밥과 안식 그리고 소망을 상징한다. 마리오는 이제 시인과 공산주의자로서 만물과 만인을 사랑하는 삶을 소망한다.

"이 섬의 아름다움이란 곧 베아트리체 루소"라고 말하던, 못 말리는 사랑꾼 마리오는 어디로 갔을까? 마리오의 말대로 세상 모든 것을 다른 것에 빗댈 수 있다면, 베아트리체도 무언가의 은유가 되지 않았을까? 마리오가 그녀와 사랑으로 맺은 아이를, 네루다의 이름을 따, '파블리토'라고 부르는 것이 이를 암시한다. 마리오를 혼돈에 휩싸이게 한 그녀의 절대성, 설명할 길 없는 에로티시즘과 안개로 자욱하던 사랑의 길은 어느새 너무도 투명하게, 단테가 간 상승의 여정으로 이어진다. 마리오가 베아트리체에게 "우린 이 섬을 떠나야 해. 우릴 알아주는 사람이 없어. 다들 너무 무식해. 파블리토는 칠레에서 시를 호흡하며 자라게 하자."라고 말할 때 공산주의자를 자처하는 그는 이웃의 어리석음에 관대하지 못하고 난장 같은 현실을 초월하려 한다. 단테의 사후 세계처럼 마리오의 죽음은 구원의 징표가 되는데, 그의 미학적·정치적 이상이 죽음을 통해 더욱 숭고해지기 때문이다. 칠레로 떠난 후 마리오를 잊은 듯싶던 네루다는 세월이 지난 뒤 그를 다시 찾는다. 마리오가 죽은 것을 알고 상념에 잠긴 그가 마리오의 숭고한 사랑을 기린다.

***

그런데 전혀 다른 사랑과 죽음의 풍경이 있다. 칠레 감독 파블로 라라인의 영화 〈네루다〉(2016)는 바로 〈일 포스티노〉의 시간적 배경 이전, 그러니까 네루다가 유럽으로 망명하기 직전의 상황을 그린다. 〈네루다〉에서 칠레 대통령인 곤살레스 비델라(알프레도 카스트로)는 미국과 손잡고 반대 세력과 노조, 공산당을 탄압하는 폭정을 펼친다. 1948년, 네루다(루이스 그네코)는 곤살레스를 신랄하게 비판하다 상원의원 직을 박탈당하고 체포당할 위기에 처한다. 해외 망명을 피할 수 없는 그가 칠레의 이곳저곳을 은신처 삼아 도망 다닌다. 그리고 이때 시집 『모두의 노래』를 집필한다. 〈일 포스티노〉에서 마리오가 동경하는 네루다는 완전한 인간에 가깝게 묘사된다. 그는 가난한 민중을 위해 헌신하는 시인이자 공산주의자다. 하지만 〈네루다〉에 등장하는 네루다는 그런 영웅적인 모습과 거리가 멀다. 적어도 네루다를 쫓는, 자부심 넘치는 경찰 오스카(가엘 가르시아 베르날)의 눈에는 그렇다.

오스카는 칠레의 좌파 엘리트, 예술가와 지식인 들이 어울리는 환락의 밤 풍경을 관찰한다. 그들은 오늘도 흥청망청 먹고 마시며 사랑이 어쩌니 예술이 어쩌니 떠든다. 불평에 가득 차 세상을 비판하면서도 정작 자기들이 누리는 것들이 민중의 땀과 고통이라는 사실은 모른다. 그 중심에 네루다가 있다. 네루다는 그곳에서 사랑의 왕이다. 네루다가 자신의 사랑 시를 낭독하면, 여자들의 환호성이 울려 퍼진다. "오늘 밤 나는 쓸 수 있다. 제일 슬픈 구절들을…. 나는 그녀를 사랑했고 그녀도 때로는 나를 사랑했다."[7] 20년도 더 지난 시를 또 우려먹는다. 그래도 여자들은 네루다의 시와 더불어 그와 키스하고, 손잡고, 침대에 눕고 싶어 한다. 오스카가 볼 때 이 시인은 공산주의자를 자처하지만 일하기 싫어하는 부르주아일 뿐이다. 그가 침대 없이 바닥에서 잘 수나 있을까? 네루다에게 적대적인 오스카가 유난히 삐딱선을 타는 것 같지만 꼭 그렇지만은 않다.

네루다는 전력을 다해 그의 도주를 돕는 청년에게 "내가 누군 줄 알고 대드냐."며 언성을 높인다. 그러고 나서 속이 상해 두 번째 아내 델리아(메르세데스 모란)의 품에서 우는데, 그 모습이 영락없이 덜 자란 아이 같다. 그는 도망 다니는 와중에도 반라의 여성들에게 둘러싸여 정욕을 불태운다. 델리아는 투철한 공산주의자로 네루다보다 스무 살이 많다. 서정 시인이던 네루다가 공산주의자로 변모하는 데 지대한 영향을 끼친 사상적 은사가 바로 델리아라고 알려져 있다.[8] 하지만 그녀 역시 도망 중인 처지에 설거지를 해서 손이 아프다며 불평하거나 깨끗한 옷이 아니면 입을 수 없다고 몽니를 부린다. 그러니 '민중 시인'을 위한 '성대한' 만찬에 부아가 난 한 가난한 여성이 "진짜 공산주의가 실현되면 당신과 내가 평등해지나요? 열한 살 때부터 부르주아들 똥이나 닦으며 살았는데?" 하고 물었을 때 네루다와 델리아는 당황해 머뭇거린다.

그런데 이상한 점이 있다. 오스카는 사실상 전지적 관찰자처럼 네루다의 일거수일투족을 살피며 내레이션을 하는데, 정작 네루다가 어디에 숨었는지는 모른다. 극 중반에 이르러 네루다를 추격해 온 오스카의 충격적인 정체를 델리아가 까발린다. "당신은 네루다가 쓴 소설 속 인물이야. 그는 상상과 현실의 경계에 당신을 창조했어. 그리고 당신을 통해 자신을 바라봤다고." 말하자면, 오스카는 네루다의 내면에서 나온 목소리다. "네가 정말 위

대한 공산주의자고 민중의 희망이야? 까탈스러운 부르
주아, 위선적인 지식인, 음탕한 난봉꾼이 아니고?" 〈네루
다〉는 네루다가 실제로 도망 다니는 여정에 그의 내면적
망명기가 경계 없이 뒤섞인 영화다. 네루다는 권력자에
게 쫓기면서 자기 자신에게도 쫓긴다.

　　오스카는 철학자 애덤 스미스가 『도덕감정론』에서
말한 "공정한 관찰자"와 닮았다. 즉 내면에 있는 "불편부
당한 목격자"다. 어떤 감정은 "공정한 관찰자"가 동감할
때 비로소 적절한(균형적인) 것으로 승인된다. "우리는 상
반된 이해관계를 우리 자신의 위치나 상대방의 위치로부
터가 아니라… 쌍방 사이에서 공정하게 판단하는 제삼자
의 눈으로 지켜보아야 한다."[9] 지배층의 마름이면서 민중
의 아들인 오스카는 그 나름 공정한 관찰자다. 네루다의
내면은 요동치는 정념과 열정 그리고 지식인의 이상 사
이에서 깊이 분열돼 있다. 그는 치열하게 망명 중이었다.
오스카의 끊임없는 의심과 추궁에서 벗어나려는 달음질
을 계속해 왔다. 오스카는 네루다를 턱밑까지 따라잡는
다. 하지만 그때 (중세 음유시인들의) 궁정 귀부인이자 단
테의 베아트리체(영원한 사랑) 그리고 플라톤의 에로스
(사랑의 신)인, 시인(네루다)의 델리아가 오스카를 막아선

다. "오스카, 당신은 허상에 불과해." 네루다도 델리아에게 화답한다. "내 사랑, 당신은 나한테 모든 걸 줬어. 당신 아니었으면 난 공산주의자가 될 수 없었을 거야." 여기서 사랑은 내면의 분열을 통합하고 네루다의 불완전한 열정을 '단테의 하늘'로 올려 보내 완전하게 만드는 힘으로 보인다. 실제로 오스카는 안데스산맥을 넘어 칠레를 탈출하려는 네루다를 코앞에서 놓치고 죽음을 맞는다. 〈일 포스티노〉처럼 그 죽음은 숭고한 이상을 위한 희생이 될 듯하다.

하지만 네루다가 갑자기 방향을 틀어 오스카가 죽은 곳으로 간다. 그는 거대한 설원 한복판에 덩그러니 있는 오스카의 시신을 처연하게 바라본다. 자신을 끈질기게 괴롭히던 내면의 모순과 삶의 혼란을 목도한다. 네루다는 그가 자신이라는 걸 확인한다. 그의 죽음은 곧 자신의 죽음임을, 모순과 혼란이 삶 그 자체였음을 본다. 네루다는 오스카의 이름을 부른다. 그가 관 속에서 다시 눈을 뜬다. 오스카는 이제 "공정한 관찰자"로서 네루다의 정념에 균형추를 다는 대신 정념에 휩쓸리는 그를 따뜻하게 지켜볼 것이다. 네루다도 완전한 이상을 좇는 대신 모순과 혼란으로 점철된 세계를 직시할 것이다. 망명길, 바람 부는 거리를 맨발로 걷는 헐벗은 소녀가 네루다를 부른다. 숭고한 시가 닿지 않는 지하에, 단테도 찾을 길 없는 지옥에 소녀가 서 있다. 네루다는 소녀에게 "미안하지만 가진 게 없다."고 말한다. 그리고 가엾은 소녀를 꼭 껴안는다. 네루다는 삶에 기꺼이 붙들리면서, "나를 알지도 못하면서 나를 기다렸던 사람"을 사랑하기 시작함으로써 "그들에게 속하고, 그걸 인정하고, 노래한다".[10]

칠레의 현대사는 비극으로 점철돼 있다. 〈네루다〉에서 정치범 수용소의 교도관으로 등장한 아우구스토 피노체트는 (세계 최초로 선거를 통해) 평화적으로 집권한 살바도르 아옌데 (사회주의) 정부를 군부 쿠데타로 무너뜨린다. 네루다의 자서전 『사랑하고 노래하고 투쟁하다』의 끝부분에는 이에 대한 네루다의 절망과 절규가 가득하다. 네루다는 얼마 안 가 숨을 거둔다. 피노체트는 그 뒤 오랜 시간 독재자로 군림하며 수많은 시민을 학살했다. 〈일 포스티노〉의 원작 소설 『네루다의 우편배달부』는 칠레 사람인 마리오가 쿠데타 세력에게 끌려가는 것으로 끝맺는다. 그렇다면 베아트리체는 어떻게 됐을까?

파트리시오 구스만 감독의 다큐멘터리 〈빛을 향한 노스탤지어〉(2010)에는 피노체트 정권에 살해당하고 칠레의 아타카마사막에 매장된 정치범들의 유해를 찾는 여성들이 등장한다. 아들, 오빠, 남편의 유해를 찾아 30년 가까이 사막을 헤맨 이들이 절박하게 찾는 것은 단지 가족의 유해가 아니라 칠레 현대사의 비극을 치유할 희망이다. 그중 한 명인 비올레타는 공교롭게도 가족 '마리오'의 유해를 찾는다. 이제 일흔 살이 된 그녀가 울먹인다. "오늘이라도 찾는다면 내일 죽어도 좋아요. 행복하게 죽을 거예요. 하지만 찾기 전엔 못 죽어요. 망원경이 있으면 좋겠어요. 별을 보듯 땅속도 들여다볼 수 있게…." 별도 따다 준다는 낭만적인 사랑 고백은, 하늘이 아니라 땅에서 별을 찾는 사람에게는 불가능한 약속이 아닐 것이다. 땅에 붙들린 사랑은 사실 가장 자유롭고 넓은 우주적 궤적을 그린다.

사랑의 마법과 영화 놀이

실뱅 쇼메 감독의 애니메이션 〈일루셔니스트〉(2010)에서 한물간 마술사는 무대 막간 시간이나 때우는 처지다. 모자에서 토끼를 내놓거나 카드를 꽃다발로 바꾸는 그의 뻔한 마술에 관객들은 냉담한 표정만 짓는다. 어느 날 텅 빈 극장에 남아 있는 할머니와 손자 앞에서 최선을 다하지만 손자가 할머니에게 마술사의 속임수를 귀띔한다. 마술사는 이제 설 자리가 없다. 이런 처지가 오늘날 로맨스 영화에도 해당하는 것 같다. 로맨스 영화는 한때 극장의 빛과 어둠이 자아내는 가장 마술적인 힘으로 관객들을 끌어당겼다. 하지만 영리해진 사람들은 이제 사랑이라는 마술에 잘 속지 않는다. 그러니 로맨스 영화는 번번이 속임수가 들통난 마술사의 굴욕을 느낀다.

극단적인 효율성과 합리성을 지향하는 신자유주의 사회에만 해당하는 얘기는 아니다. 마법을 믿지 않는 시대는 "존재가 의식을 결정"한다는 마르크스의 선언에도 부합할 것이다. 한 사람의 사회적 존재, 그 이해득실을 뛰어넘는 사랑은 마술사의 눈속임 같은 것이기 때문이다. 마법이 존재의 인과율에서 벗어나는 것이라면 사랑의 마법은 인간이 수수께끼가 될 때만 가능하다. 마술사의 상황처럼 사랑의 무대가 사라질 때 인간은 더는 궁금한 존재가 아니다.

마술사가 허름한 선술집에서 공연을 한다. 어둠 속에서 마술을 기다리는 사람들의 표정에서 설렘이 엿보인다. 마술사는 모처럼 환대받는다. 이곳에서 만난 가난한 소녀 앨리스는 그가 진짜 마법을 부린다고 믿는다. 마술사가 앨리스에게 구두를 선물하는데, 그녀는 그게 마법으로 생겼다고 여긴다. 그녀의 믿음에 부응하기 위해 마술사는 난생처음 간판 도색이나 세차 같은 궂은 노동에 나선다. 잠을 줄여 가며 출근하고 일을 못 해 꾸중을 들으면서도 그는 소녀가 원하는 물건들을 마법인 양 선물한다. 그러나 이런 정성에도 소녀가 다른 남자와 사랑에 빠진다. 쓸쓸해진 마술사는 쪽지를 남기고 떠난다. "마법사는 없어." 사랑에 실패한 마술사의 말처럼 마법은 없을 것이다. 하지만 적어도 마술을 마법으로 만들려는 인간

206

의 의지는 존재하지 않을까? 사랑하는 사람의 믿음을 지켜 주기 위해 그에게 '마법은 존재해야 했다'.

***

구로사와 기요시 감독의 영화 〈스파이의 아내〉(2020)에서 일본인 무역상 유사쿠는 만주에 출장 갔다가 관동군이 세균 무기로 포로들에게 몰래 생체 실험을 하는 것과 이 때문에 수많은 사람이 죽고 있음을 알게 된다. 유사쿠는 이에 대한 증거물을 국제적으로 폭로할 계획이다. 하지만 그의 아내 사토코는 매국노가 되어선 안 된다며 그의 계획에 격렬히 반대한다. 유사쿠는 자신이 충성을 맹세한 건 국가가 아니라 만국 공통의 정의라고 말한다. 사토코는 정의보다 행복이 더 중요하다고 맞선다. 그런데 그녀가 얼마 후 별안간 남편의 열렬한 동지로 변모한다. 안락한 삶을 버리고 목숨까지 걸어야 하는 그의 계획에 동참한다. 이유는 단순하다. 사토코가 유사쿠를 끔찍이 사랑했기 때문이다.

　　그 사랑에 선의지 같은 아리스토텔레스식 규범이나 정념을 정치적 이상으로 승화시킨 플라톤의 에로스 같은 건 없다. 사토코에게 보이는 것은 오직 남편 옆에 있겠다는 집착과 투기에 가까운 사랑의 부정적 일면이다. 사토코는 유사쿠가 취미로 연출하는 영화의 주인공인데, 그녀의 최루성 연기처럼 그녀의 사랑은 세상과 동떨어진 자폐적 감정으로 보인다.

하지만 그 사랑이 그녀를 누구보다 용기 있는 투사로 만든다. 그것은 절대적인 이상에 자족하며 현실에서 도피하는 에로스가 아니다. 유사쿠와 함께하기 위해서 그녀에게는 그의 정의가 실현된 평화로운 세상이 존재해야 했다. 그녀는 사랑의 무대를 만들기 위해 아예 세계를 발명해 버릴 태세다. 스무 살 때 선원으로 미국의 태평양을 누비던 유사쿠는 넓은 바다의 풍경을 사토코에게 보여 주고 싶다. 그는 경계 없는 대양의 자유를 꿈꾸는 코즈모폴리턴이다. 사토코의 즉물적인 사랑은 유사쿠의 모양, 그의 세계가 지닌 꼴을 오롯이 품는다. 그녀가 자기 안에 유사쿠의 드넓은 바다를 가뿐히 구겨 넣고 알 수 없는 모양이 되어 가는 것은 유사쿠와 사토코의 '영화 놀이'를 닮았다. 그들이 만든 영화가 비춰지는 스크린은 폐쇄적인 창으로 보인다. 하지만 그곳에는 사랑하는 연인의 풍경, 폭력적인 시대의 흑백논리가 펼칠 수 없는 드넓은 이야기의 만화경이 담겨 있다.

***

로맨스 영화가 그런 영화 놀이가 될 때 우리는 극장에서 다시 마법을, 기이한 이야기의 후손들을, 수수께끼 인간들을 기다릴 것이다. 아녜스 바르다 감독의 영화 놀이. 그녀가 죽음을 앞둔, 사랑하는 남편 자크 드미 감독을 위해 만든 영화 〈낭트의 자코〉(1991)의 대사(아녜스 바르다의 내레이션)로 이 책을 마무리하려 한다. "그대는 한 다발 해초처럼 바람에 부드러이 휩싸여 꿈을 좇고 있네. 모래사장 위 경이로운 꿈, 바람과 파도. 바다는 저 멀리 밀려가고 지그시 감은 그대 눈엔 잔물결이 일렁이네." 사랑 안에서 여러분만의 넓은 바다를 발견하는 데 이 책이 조금이나마 도움이 되기를 진심으로 바란다.

프롤로그

1   존 버거, 『벤투의 스케치북』, 김현우 · 진태원 옮김, 열화당, 2012, 90쪽.
2   벤 싱어, 『멜로드라마와 모더니티』, 이위정 옮김, 문학동네, 2009, 199 · 74~75쪽.
3   아리스토텔레스, 『니코마코스 윤리학』, 강상진 · 김재홍 · 이창우 옮김, 길, 2018, 339 · 37 · 283쪽.
4   에바 일루즈, 『사랑은 왜 아픈가: 사랑의 사회학』, 김희상 옮김, 돌베개, 2013, 57쪽.
5   토머스 샤츠, 『할리우드 장르』, 한창호 · 허문영 옮김, 컬처룩, 2014, 330쪽.
6   에바 일루즈, 『감정 자본주의』, 김정아 옮김, 돌베개, 2010, 212쪽.
7   에바 일루즈, 『감정 자본주의』, 212~213쪽.

1장   여성주의적 로맨스는 가능한가: 〈노래하는 여자, 노래하지 않는 여자〉

1   슐라미스 파이어스톤, 『성의 변증법』, 김민예숙 · 유숙열 옮김, 꾸리에, 2016, 184쪽.
2   필리스 체슬러, 『정치적으로 올바르지 않은 페미니스트』, 박경선 옮김, 바다출판사, 2021, 37 · 83쪽.

2장   퀴어 로맨스가 회복한 것: 〈타오르는 여인의 초상〉

1   고정희, 「천둥벌거숭이 노래 10」, 『지리산의 봄』, 문학과지성사, 1987.

3장 불감증에 빠진 세계에서 사랑을 꿈꾸는 몸: 〈아워 바디〉

1   플라톤, 『향연』, 강철웅 옮김, 이제이북스, 2014, 142쪽.

4장 사랑을 위한 경쟁 시장: 〈더 랍스터〉

1   마사 누스바움, 『감정의 격동: 3. 사랑의 등정』, 조형준 옮김, 새물결, 2015, 841~842 · 852~855쪽.
2   프리드리히 하이에크, 『노예의 길』, 김이석 옮김, 자유기업원, 2018, 78쪽.
3   장하준, 『국가의 역할』, 이종태 · 황해선 옮김, 부키, 2006, 139쪽에서 재인용.
4   산도르 마라이, 『열정』, 김인순 옮김, 솔, 2001, 155쪽.
5   세사르 바예호, 「여름」, 『오늘처럼 인생이 싫었던 날은』, 고혜선 옮김, 다산책방, 2017, 42쪽.

5장 신자유주의 시대의 가족 로맨스: 〈토니 에드만〉

1   김서영, 『프로이트의 편지』, 아카넷, 2017, 145~146쪽에서 재인용.
2   잉그리트 길혀-홀타이, 『68혁명, 세계를 뒤흔든 상상력』, 정대성 옮김, 창비, 2009, 251쪽.
3   스레츠코 호르바트, 『사랑의 급진성』, 변진경 옮김, 오월의봄, 2017, 134쪽.
4   에바 일루즈, 『사랑은 왜 불안한가』, 김희상 옮김, 돌베개, 2014, 112쪽.

6장 도시 남녀의 합류적 사랑: 〈해리가 샐리를 만났을 때〉

1   리처드 세넷, 『짓기와 거주하기』, 김병화 옮김, 김영사, 2020, 8쪽에서 재인용.
2   아벨라르 · 엘로이즈, 『아벨라르와 엘로이즈』, 정봉구 옮김, 을유문화사, 1999, 99쪽.
3   니클라스 루만, 『열정으로서의 사랑』, 권기돈 · 조형준 · 정성훈 옮김, 새물결, 2009, 204 · 210쪽.
4   앤소니 기든스, 『현대 사회의 성 사랑 에로티시즘: 친밀성의 구조 변동』, 배은경 · 황정미 옮김, 새물결, 2003, 108~109쪽.

7장 로맨스 영화의 고전적 규범을 전복하다: 〈유브 갓 메일〉

1   마사 누스바움, 『감정의 격동: 1. 인정과 욕망』, 조형준 옮김, 새물결, 2015, 424 쪽. 아리스토텔레스, 『니코마코스 윤리학』 4권 5장에 대한 설명.

2   줄리아 크리스테바, 『사랑의 역사』, 김인환 옮김, 민음사, 2008, 246~247쪽에 서 재인용.

3   줄리아 크리스테바, 『사랑의 역사』, 234쪽.

4   마사 누스바움, 『감정의 격동: 1. 인정과 욕망』, 317 · 424쪽.

8장 사랑의 코드로 사랑을 창조할 수 있을까: 〈사랑을 카피하다〉

1   니클라스 루만, 『열정으로서의 사랑』, 37쪽.

2   니클라스 루만, 『열정으로서의 사랑』, 74쪽.

3   이광주, 『담론의 탄생』, 한길사, 2015, 31 · 33쪽.

4   드니 드 루즈몽, 『사랑과 서구 문명』, 정장진 옮김, 한국문화사, 2013, 84~85, 94 · 104쪽.

5   니클라스 루만, 『열정으로서의 사랑』, 71~72 · 248쪽.

6   니클라스 루만, 『열정으로서의 사랑』, 163 · 210쪽.

7   질 들뢰즈, 『시네마 2: 시간-이미지』, 이정하 옮김, 시각과언어, 2005, 84쪽.

9장 열정이라는 재난: 〈아사코〉

1   로버트 A. 존슨, 『WE: 로맨틱 러브에 대한 융 심리학적 이해』, 고혜경 옮김, 동 연, 2008, 253쪽.

2   스베틀라나 알렉시예비치, 『체르노빌의 목소리』, 김은혜 옮김, 새잎, 2011, 11 쪽.

3   줄리아 크리스테바, 『사랑의 역사』, 111쪽.

4   드니 드 루즈몽, 『사랑과 서구 문명』, 314쪽.

5   마사 누스바움, 『감정의 격동: 1. 인정과 욕망』, 317 · 424쪽.

10장 성적 환상이 낭만적 사랑과 공존할 수 있을까: 〈체실 비치에서〉

1   이언 매큐언, 『체실 비치에서』, 우달임 옮김, 문학동네, 2008, 29 · 117쪽.

2   줄리아 크리스테바, 『사랑의 역사』, 105쪽에서 재인용.

3   플라톤, 『파이드로스』, 김주일 옮김, 이제이북스, 2012, 82쪽.

4 플라톤, 『파이드로스』, 93~99쪽.

5 줄리아 크리스테바, 『사랑의 역사』, 93쪽.

6 스레츠코 호르바트, 『사랑의 급진성』, 134~136쪽.

11장 오직 '너'를 향한 사랑: 〈모드 집에서의 하룻밤〉, 〈겨울 이야기〉

1 블레즈 파스칼, 『팡세』, 하동훈 옮김, 문예출판사, 2008, 134쪽.

2 줄리아 크리스테바, 『사랑의 역사』, 16, 48~49쪽.

3 마사 누스바움, 『감정의 격동: 1. 인정과 욕망』, 79쪽.

4 아리스토텔레스, 『니코마코스 윤리학』, 24~25쪽.

5 플라톤, 『향연』, 144쪽.

6 플라톤, 『파이드로스』, 84쪽.

12장 낭만적 사랑이 만드는 선의지: 〈비포 선라이즈〉, 〈비포 선셋〉, 〈비포 미드나잇〉

1 울리히 벡 · 엘리자베트 벡-게른샤임, 『사랑은 지독한 그러나 너무나 정상적인 혼란』, 강수영 · 권기돈 · 배은경 옮김, 새물결, 2002, 61쪽.

2 에바 일루즈, 『감정 자본주의』, 15~16쪽.

13장 응답하는 사랑이 형성하는 삶의 존엄성: 〈세이프 오브 워터〉

1 호르헤 루이스 보르헤스, 『칼잡이들의 이야기』, 황병하 옮김, 민음사, 2009, 67쪽.

2 지그문트 바우만 · 스타니스와프 오비레크, 『인간의 조건』, 안규남 옮김, 동녘, 2016, 47쪽.

3 표도르 도스토옙스키, 『까라마조프 씨네 형제들(상권)』, 이대우 옮김, 열린책들, 2009, 105쪽.

4 스테파노 자마니 · 루이지노 브루니, 『21세기 시민경제학의 탄생』, 제현주 옮김, 북돋움, 2015, 32쪽.

14장 사랑은 어떻게 사람을 정치적으로 만드나: 〈지미스 홀〉

1 신경림, 「가난한 사랑 노래」, 『가난한 사랑 노래』, 실천문학사, 1988.

2 윤정묵, 「예이츠와 모드 곤」, 『한국예이츠저널』 11 · 12권, 1999, 14쪽에서 재인

용.

3   프랜시스 스콧 피츠제럴드, 『재즈 시대의 메아리』, 최내현 옮김, 북스피어, 2018, 35쪽.

4   스레츠코 호르바트, 『사랑의 급진성』, 59~62쪽.

5   게오르크 뷔히너, 『보이체크·당통의 죽음』, 홍성광 옮김, 민음사, 2013, 85쪽.

6   스레츠코 호르바트, 『사랑의 급진성』, 125쪽에서 재인용.

7   프리모 레비, 『가라앉은 자와 구조된 자』, 이소영 옮김, 돌베개, 2014, 64쪽.

15장 땅에 붙들린 사랑의 우주적 궤적: 〈일 포스티노〉, 〈네루다〉

1   파블로 네루다, 「한 여자의 육체」, 『스무 편의 사랑의 시와 한 편의 절망의 노래』, 정현종 옮김, 민음사, 2007, 11쪽.

2   파블로 네루다, 「세웰의 파국」, 『모두의 노래』, 고혜선 옮김, 문학과지성사, 2016, 448쪽.

3   파블로 네루다, 「한 여자의 육체」, 『스무 편의 사랑의 시와 한 편의 절망의 노래』, 11쪽.

4   파블로 네루다, 「전쟁」, 『모두의 노래』, 666쪽.

5   애덤 펜스타인, 『빠블로 네루다』, 김현균·최권행 옮김, 생각의나무, 2005, 609쪽.

6   파블로 네루다, 'Ⅷ. 그 땅 이름은 후안이라네'의 시 제목들, 『모두의 노래』.

7   파블로 네루다, 「오늘 밤 나는 쓸 수 있다」, 『스무 편의 사랑의 시와 한 편의 절망의 노래』, 42쪽.

8   애덤 펜스타인, 『빠블로 네루다』, 김현균·최권행 옮김, 생각의나무, 2005, 195쪽.

9   애덤 스미스, 『도덕감정론』, 김광수 옮김, 한길사, 2016, 204·325쪽.

10   파블로 네루다, 「도망자」, 『모두의 노래』, 507쪽.

메멘토문고·나의독법 **04**

로맨스 영화를 읽다

사랑의 가능성에 대한 의혹 혹은 믿음

초판 1쇄 발행 2022년 9월 1일

지은이   김호빈
교정   김정민
디자인   위드텍스트 이지선

펴낸이   박숙희
펴낸곳   메멘토
신고   2012년 2월 8일 제25100-2012-32호
주소   서울시 은평구 연서로26길 9-3(대조동) 동양오피스텔 301호
전화   070-8256-1543   팩스 0505-330-1543
이메일   mementopub@gmail.com

ⓒ 김호빈
ISBN 979-11-92099-08-8 (04680)
ISBN 978-89-98614-91-1 (세트)